내 이름으로 성공할 수 있을까?

내 이름으로
성공할 수 있을까?

1판 1쇄 발행 | 2023년 4월 25일

지 은 이 | 안동연
펴 낸 이 | 이성범
펴 낸 곳 | 도서출판 타래
교정·교열 | 박진영
표지 디자인 | 권소희
본문 디자인 | 권정숙

주소 | 서울특별시 영등포구 양평로30길 14, 911호(세종앤까뮤스퀘어)
전화 | (02) 2277-9684~5 / 팩스 | (02) 323-9686
전자우편 | taraepub@nate.com
출판등록 | 제2012-000232호

ISBN 978-89-8250-158-8 03320

- 이 책은 저작권법에 의해 한국 내에서 보호를 받는 저작물이므로 무단 전재와 무단 복제를 금합니다.
- 값은 뒤표지에 있습니다.
- 파본은 구입한 서점에서 교환해 드립니다.

성공을 부르는 이름의 힘

내 이름으로 성공할 수 있을까?

안동연 지음

도서출판 타래

이름을 연구하며

　　　　　　　　　작명소에 전화해서 내 이름이 ○○○
인데 이 이름으로 살면 어떤 운세인지 물어보면 이러저러하게 살아간다
고 한다. 과연 이것이 가능할까? 이름만으로 누군가의 삶이 결정되는 것
일까? 그렇다면 운명을 들여다본다는 사주, 관상, 풍수는 무엇인가?

　　사주, 풍수, 관상으로 살펴본 내 운명과 이름으로 살펴본 내 운명
은 무엇이 다를까? 해답이 같다면 신뢰할 수 있다. 하지만 해답이 다
르다면 어떻게 해석해야 할까? 어떤 답변을 중요하게 생각하고 어떤
답변을 무시해도 되는 것일까?

　　내 미래를 제3자가 출생시간, 장소, 관상이나 이름으로 알 수 있을
까? 모든 자료를 분석해도 쉽지 않은 것을 이름만으로 안다는 것은

더더욱 쉽지 않을 것이다. 같은 이름을 가진 수많은 사람이 모두 같은 인생을 살아간다면 그 많은 철학관, 타로, 점성술, 무속인들은 모두 문을 닫아야 할 것이다. 아무것도 없이 오직 이름만으로 알 수 있는 것은 없다. 이런 사이비 과학의 속임수에 지금까지 우리는 모두 속아왔다.

이름에 깃든 내용을 알려준다는 감명(鑑銘)은 이름에 어떤 에너지가 들어 있는지 과학적인 방법으로 확인해서 설명한 것이 아니다. 작명가들의 답변은 일제강점기 구마사키 겐오가 만든 81수리로 한자의 획수를 이리저리 조합해 설명하는 데 그친다.

많은 고객들이 현재 우리나라 작명가들 대부분이 창씨개명기에 흘러 들어와 〈세 글자인 조선인의 이름〉을 〈네 글자인 일본식 이름〉으로 바꾸는 데 사용했던 일본식 81수리를 그대로 사용하고 있고 풀이도 그 방식으로 하고 있다는 것을 모르고 있다.

이런 방식이 가능했던 것은 내 이름의 어디에 그런 운세가 들어 있는지, 그 논리를 누가 만들었고, 누가 검증했고, 실제로 확인한 통계가 어디에 있는지 지금까지 아무도 작명가에게 묻거나 따져보지 않았기 때문이다. 그래서 우리나라의 다른 분야는 일제강점기의 영향에서 벗어나 일본을 능가하는 발전을 이루고 있음에도 유독 작명 분야만은 아직도 일제의 영향에서 벗어나지 못하고 있다.

    지금까지 역술인들이 사주에 부족한 것을 이름으로 채운다고 하지만 풍수나 관상에서 부족한 것을 채우지 못했다는 것은 말하지 않는다. 완전한 이름은 모든 부족함을 채울 수 있어야 하지만 사실 거의 채우지 못하는 방법으로 이름을 만들어 왔다. 작명가나 역술인들이 지금까지 이름을 만들면서 무엇을 잘못했고 앞으로 어떻게 해야 우리 모두 정말 좋은 이름으로 더 건강하고 발전된 미래를 맞이할 수 있는지 알리기 위해 이 책을 썼다. 이름의 힘으로 돈이 따라오고 성적이 2~3점 오르고 체중이 감량되고 컨디션이 좋아지며 인간관계가 좋아지고 이 같은 변화가 왜 극적으로 운을 바꾸는 것인지 과학적인 기술을 이용해 밝히는 방법을 알리는 것이다.

    지금부터라도 우리 이름이 역술인이나 작명가들이 사용하는 그릇된 일제의 방식에서 벗어나 진실하고 온전한 길로 들어서길 기원한다.

2023년 삼일절

역삼동 연구실에서

안동연

목차

이름을 연구하며 • 4

Chapter 1

1-1 명상으로 알게 된 이름의 힘 • 13

1-2 이름에 따라 변화하는 에너지 측정장비를 찾아서 • 22

1-3 이름의 본질을 파악한 이름 연구의 확산 • 29

1-4 작명가가 모르는 이름의 세 가지 효과 • 35

1-5 우리 이름의 역사 – 작명 이론 재검토의 필요성 • 42

1-6 너무나 이상한 구마사키 겐오의 81수리, 원형이정 • 52

1-7 개명해야 하는 기준 – 좋은 이름과 나쁜 이름의 판별 기준 • 58

Chapter 2

2-1 어느 엄마의 개명 상담 사례 • **67**

2-2 맘스홀릭 베이비 페어에서 만난 엄마들의 태명 및
아기 이름검진 사례 • **81**

2-3 아기 이름이 나쁘면 엄마가 아픈 이유를 어떻게 알았을까? • **95**

2-4 이름에 대한 엄마들의 가장 큰 고민은 무엇일까? • **111**

2-5 아기 이름의 기준은 사주일까, 엄마일까? • **118**

Chapter 3

3-1 사주는 이름의 기준이 될 수 있을까? • **129**

3-2 이름 고르기의 중요성 • **141**

3-3 이름검진의 필요성 • **149**

3-4 과학과 의학, 그리고 이름 • **158**

3-5 이름의 효과는 공명과 간섭 • **167**

3-6 컴퓨터, 수퍼컴퓨터, 양자컴퓨터, 그리고 사주와 작명 • **178**

Chapter 4

4-1 이병철 회장과 숫자, 그리고 관상 • **189**

4-2 이름이 사주를 보충한다면 사주가 같으면
     이름도 같아야 할까? • **197**

4-3 역술인들의 시간과 우리의 시간은 왜 다를까? • **205**

4-4 운명 변수의 결정순서 • **217**

4-5 풍수와 사주, 관상과 작명 • **226**

4-6 출산택일의 허와 실 • **236**

마치며 • 245

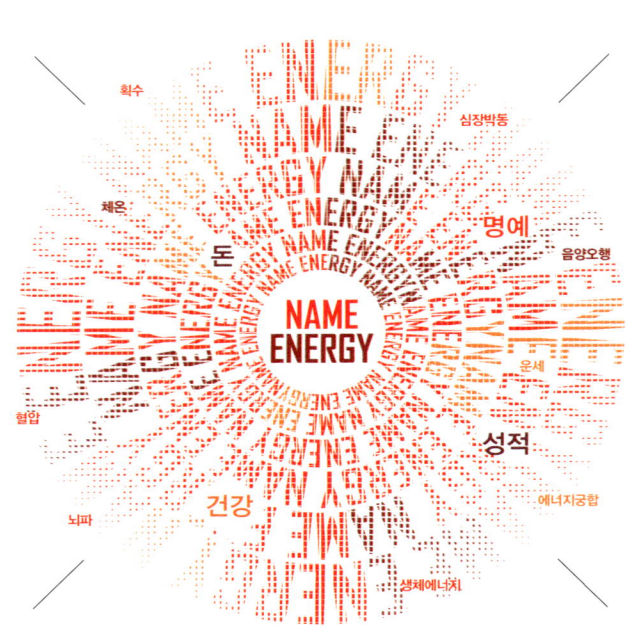

Chapter 1

1-1
명상으로 알게 된 이름의 힘

필자는 평소 인간의 운명에는 별 관심이 없었다. 부지런하면 잘 살고 게으르면 어려움이 닥친다고 생각했고 항상 최선을 다하면 잘되리라 생각했다. 하지만 내 능력으로 어쩔 수 없는 영역이 존재한다는 것을 알고 나서 그것을 결정하는 것이 무엇인지 궁금해졌다.

예를 들어, 부모는 내가 선택할 수 없다. 생일(사주), 고향(풍수), 생김새(관상)도 내 뜻대로 선택할 수 없다. 내가 어딘가로 갈 때 타는 교통수단은 내가 선택할 수 있지만 막상 목적지에 도착하면 내가 원치 않는 상황이 벌어질 수도 있다. 이것은 내 의지의 영역이 아니다.

내가 진학할 대학은 내 학업성적에 따라 지원하지만 그 대학의 교수진이나 이수 과정은 이미 정해져 있다. 내 의지가 아무리 작용해도 내 마음대로 할 수 있는 것과 할 수 없는 것이 있다.

　인간의 운명을 설명하는 이론에는 결정론과 의지론이 있다. 결정론은 인간의 운명이 이미 결정되어 있다는 이론으로 사주, 풍수, 관상이 대표적이다. 〈사주〉는 인간의 운명은 태어난 시간에 이미 결정되어 있다고 본다. 그래서 역술인을 찾아가 인생 상담을 해보면 물어보는 거라곤 〈출생시간〉뿐이다. 사주는 당사자가 없어도 시간만 알려주면 알아서 설명해준다. 〈풍수〉는 〈조상의 묫자리〉나 〈태어난 곳〉이 운세를 결정한다고 본다. 풍수는 현장을 가거나 지도 등을 봐야 한다. 〈관상〉은 〈생김새〉와 〈행동〉이 운명을 결정한다는 이론이다. 얼굴을 보거나 최소한 사진이라도 봐야 한다. 사주처럼 당사자를 안 봐도 되는 것과 풍수, 관상처럼 봐야 하는 것은 다르다. 보는 것과 보지 않는 것은 그 결과에 큰 차이가 난다.

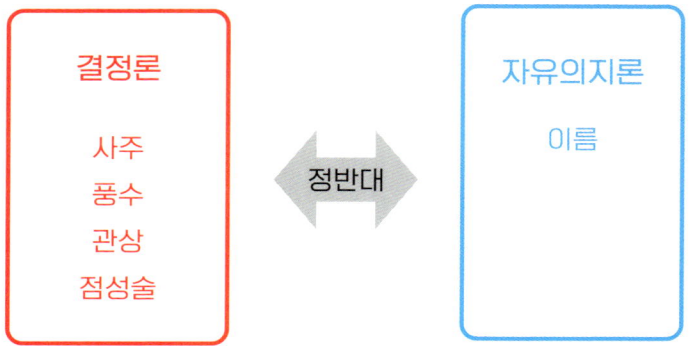

내 이름으로
성공할 수 있을까? _____

이와 반대로 운명을 바꿀 수 있다는 이론이 이름(작명)이다. 지금까지 작명은 운명론의 곁가지 취급을 받아왔다. 하지만 운명론에 관심을 가진 후로 운을 바꾼다는 이름에 관심이 생겼다. 이름 관련 이론을 살펴보니 대단한 내용은 없었다. 누군가가 체계적으로 연구한 것도 없고 일제 강점기에 들어온 81수리와 자원오행 등의 논리가 우리의 이름을 만드는 이론으로 자리잡고 있었다.

사주에 부족한 것을 이름으로 채운다면서 한자의 획수, 오행 등 이름과 무관한 이론으로 설명하고 소리 주파수가 운명에 영향을 미친다고 하지만 주파수의 개념을 정확하게 설명한 자료도 없었다. 작명법이 성명學이라는 용어를 붙일 정도로 체계화된 이론이라고 할 수 없는 것은 제대로 된 결과물이 아직 없기 때문이다.

수많은 사람, 심지어 작명가들조차 이름의 힘을 깊이 모르고 있었다. 나름대로 했다고 하지만 핵심이 없는 내용이 대부분이었다. 평생 내게 영향을 미치는 이름에 대해 제도권 대부분이 관심을 기울이지 않았다. 상당히 중요한 에너지원으로 자리매김했어야 할 소리에너지인 이름을 사각지대에 방치한 채 이 사회의 지식인들조차 잠시 스쳐 지나가는 정도의 관심만 기울였을 뿐이다.

핵심이 확인되지 않을 때는 체험해보는 것이 바람직하다. 명상을 하다가 이름 몇 개를 바꿔 불러보자 몸에서 일어나는 반응이 달랐다. 이 정도면 의료기기로 측정해도 반응이 나올 수 있겠다는 생각이 들었다.

명상하며 바꿔 불러 본 이름

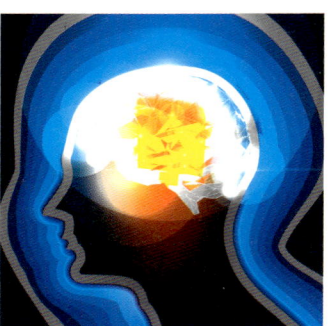

　코엑스에서 열린 의료기기 전시회를 다녀보고 서울 시내 의료기기 도매상을 찾아다니며 이름을 부를 때 일어나는 인체의 반응을 측정할 장비를 찾아보기 시작했다. 평소 알고 지내던 지인들에게 부탁해 각종 장비로 이름을 부를 때의 인체 변화를 측정하는 장비를 확인해 나갔다. 결과는 의외로 성공적이었다.

　이름이 뇌와 심장에 영향을 미치고 이후 심신에 영향을 미친다는 것을 알고 나서 과학적인 장비를 통해 이름에너지를 검증하기 시작했다. 목소리는 우리 인체에서 발생하는 가장 강력한 에너지 중 하나다. 이 에너지를 정확히 사용한다면 저하된 부위의 에너지를 끌어올려 건강하게 살아가는 데 도움이 될 수 있다. 하지만 잘못 사용하면 정상적인 에너지를 저하시켜 컨디션을 떨어뜨리기도 한다.

내 이름으로
성공할 수 있을까? _____

과학기술은 하루가 다르게 세상을 변화시키고 우리는 그 흐름에 맞추어 살아가고 있다. 이런 기술을 이용해 이름의 힘을 확인해보면 너무나 당연한 것을 멀리하고 있었음을 깨닫게 된다. 이름은 사실상 우리가 태어나기 전부터 인연을 맺는다. 아직 깊이 연구하지 않아 아무도 모르고 있는 태명이다.

이름에도 여러 가지가 있다. 우리는 내 이름, 자녀 이름뿐만 아니라 반려동물 이름, 물건 이름, 건물 이름, 도로 이름, 지방 이름, 길 이름, 거리 이름, 골목 이름 등은 물론 브랜드, 회사 이름, 심지어 풀 이름, 나무 이름, 꽃 이름, 곤충 이름, 하늘의 별 이름 등 수많은 이름을 부르며 살아간다.

우리가 알고 있는 것들 중에는 이름을 가진 것이 갖지 않은 것보다 많을 것이다. 이런 이름 중에서 나와 가장 가까운 것이 내 이름이다. 나 스스로 많이 부르고 남들도 부른다. 어릴 때는 당연히 이름이 불리지만 나이가 들면서 불리지 않더라도 누군가에게 처음 인사할 때는 내 이름을 알려주어야 하고 상대방도 나를 지칭할 때는 내 이름을 불러야 한다. 들리는 곳에서 부르든, 들리지 않는 곳에서 부르든 그 이름은 나를 가리킨다. 이렇게 나와 밀접한 소리가 내게 영향을 미치지 않는다면 그것이 더 이상하다.

이름 주파수가 뇌와 심장에 미치는 영향

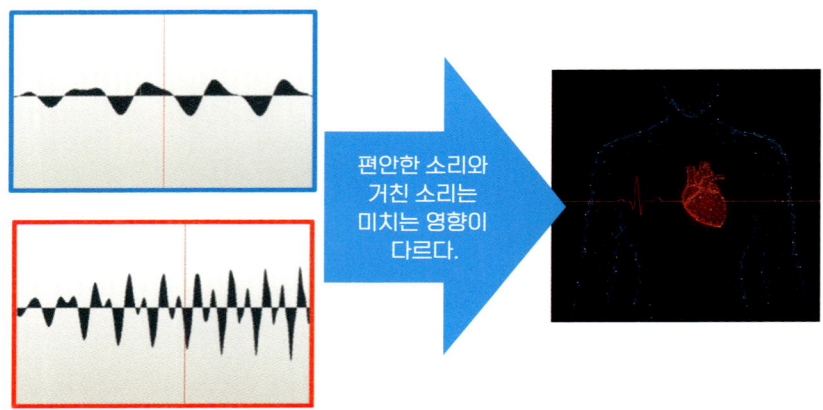

편안한 소리와 거친 소리는 미치는 영향이 다르다.

　이름은 뇌와 심장에 영향을 미치는 에너지인데 지금까지 아무도 그 사실을 알지 못했을까? 이런 이름의 힘을 필자가 연구한 이후 왜 중국 벤처협회의 초청을 받아 발표하고 미국 텍사스주립대에서도 공동연구 하는 결과를 가져왔을까? 바로 이름에너지가 건강에 미치는 영향을 과학적으로 밝혀 누구나 알아들을 수 있는 상식적이고 과학적인 용어로 밝혀냈기 때문이다.

　이름의 어떤 힘이 우리 몸의 어디에, 어떻게, 얼마나 작용하는지 누구나 인정하는 논리와 법칙으로 풀어나가면 어떤 지식인도 인정하지 않을 수 없다. 이제 이름의 힘을 제대로 밝혀내 그 에너지를 누구나 상식적이고 과학적이며 의학적인 방법으로 사용할 수 있게 하고자 한다. 누가, 언제, 어디서 상담하고 측정하고 분석해도 같은 결과가 나오게 하는 것이 이름의 과학화다. 과학화란 과학적 연구 결과에 기반해야 한다.

　아무나 알아들을 수 있는 보통명사로 이름을 설명하고 초등학생도 알아들을 수 있는 용어로 설명할 수 있어야 한다. 그래서 알 듯 모를 듯 한 말로 설명하는, 자칭 성명학자들의 손에서 이름의 주도권을 우리 엄마와 아기들에게 넘겨야 한다. 과학기술은 이렇게 사용하는 것이며 이 같은 흐름을 타고 이름도 미신의 영역에서 상식과 진리가 통하는 곳으로 옮길 때가 되었다.

　시작은 단순히 명상을 하다가 알게 된 이름의 힘이지만 알고 나서 해야 할 일이 너무 많았다. 이런 내용을 확산시켜 임신부, 신생아의 산모, 아기들과 개명하는 고객들에게 도움이 되게 해야 했다. 이름의 도움을 가장 많이 받을 사람은 엄마와 아기 그리고 당사자들이기 때문이다.

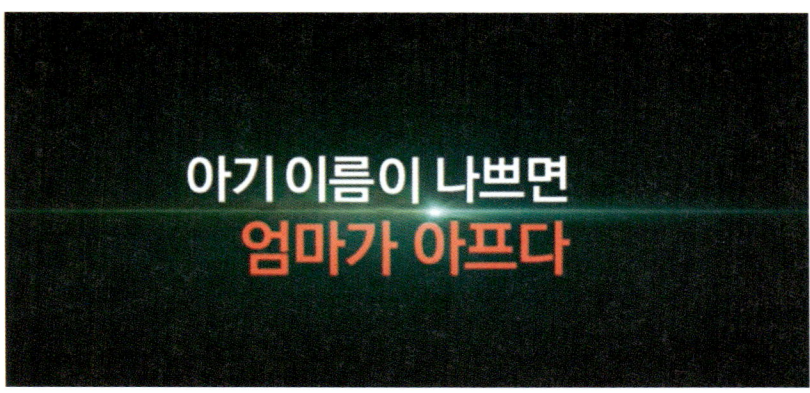
1)

---

1) https://www.youtube.com/watch?v=c0HNDGMCJz0

> 1-2

이름에 따라 변화하는 에너지 측정장비를 찾아서

명상을 하면 몸과 마음이 고요해진다. 이렇게 고요한 상태에서 이름을 바꿔 불러보니 몸에서 느껴지는 반응이 달랐다. 급변하는 세상에서 이름을 부를 때 우리 몸의 반응을 확인하는 장비가 없을 거라는 사고는 참으로 순진한 생각이다.

우리는 무섭게 변화하는 세상 속에서 살아가고 있다. 인체의 반응을 확인하는 장비도 나날이 발전하고 있고 수많은 사람들이 스마트워치를 착용하고 있다. 혈압, 심박 수, 걸음걸이 횟수 등을 자동으로 기록해 스마트워치와 스마트폰에서 확인할 수 있다. 말을 타고 다니던 시대에서 제트 여객기를 타고 다니는 세상으로 발전하는 동안 변화한 것이 한두 가지가 아니다.

내 이름으로
성공할 수 있을까? _____

과거와 현재의 교통수단 변화

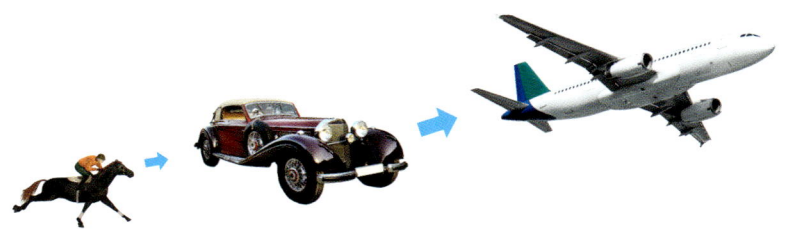

　과학기술이 이 정도라면 이름을 부를 때 인체의 변화를 의료기기로 측정할 수 있을 거라는 생각은 너무나 당연하다. 코엑스에서 열린 의료기기 전시회를 찾아가 이름을 부를 때 우리 몸에서 일어나는 변화를 측정하는 장비를 찾아보기 시작했다. 함께 연구하던 김재수 박사와 의료기기 전시회를 찾아가 출품된 각종 기기를 사용해 이름을 부를 때 나타나는 변화를 측정할 수 있는지 확인해 나갔다. 의료기기 탐방은 작명가들에게는 낯설지만 이름치료사들에게는 익숙한 활동이다. 새로운 기술을 의료에 적용한, 다양한 업체의 의료기기들이 출품되어 고객을 만나는 곳이다. 매년 새롭고 다양한 기기들이 고객의 증상을 확인해 치료에 도움을 주기 위해 전시되어 있다.

　수많은 의료 분야 전문가와 일반 고객이 이곳을 찾아와 과학기술 발전을 확인하고 자신에게 필요한 기기를 확인한다. 이 같은 장비로 의사와 물리치료사 등 수많은 전문가가 우리의 건강 상태를 확인해 치료하기 위해 노력하고 있다. 그 같은 치료효과를 가져오는 에너지 중 하나가 이름이고 이름검진은 이름을 부를 때 일어나는 인체 변화를 확인하는 절차다.

　의료기기 전시회에만 머물지 않고 인천 종합병원에서 심전도기를 사용한 검사, 서울 소재 종합병원 심장재활센터에서 이름을 부를 때 심

장에서 일어나는 반응을 확인하고 대학 연구소에서도 장비를 이용해 확인할 수 있었다.

서울 소재 A 종합병원 심장재활센터에서 진행한 측정실험

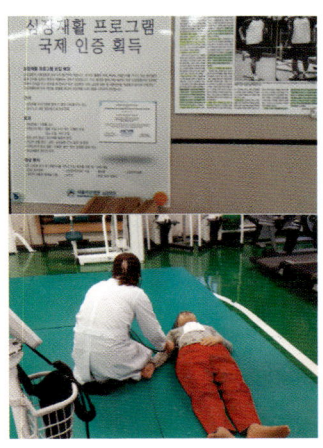
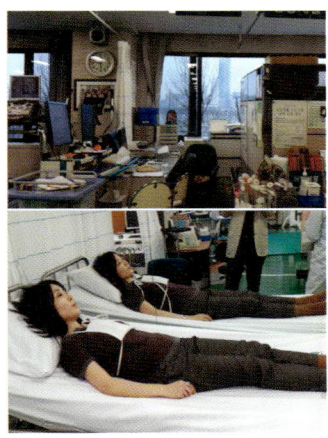

대학 ERIC센터에서 진행한 이름 측정실험

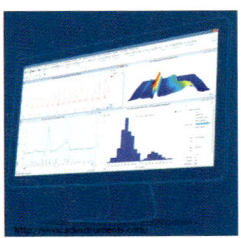
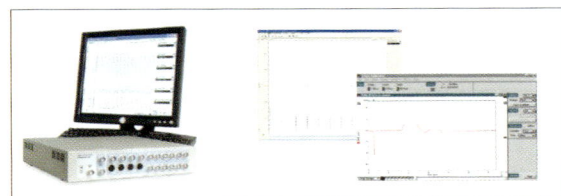

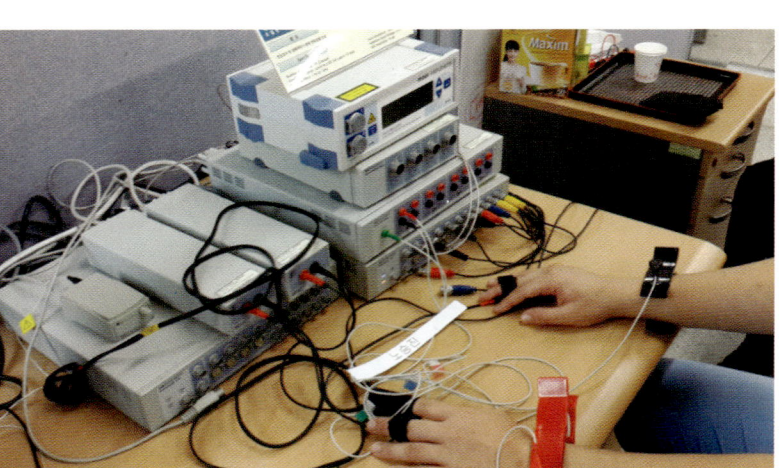

　　수년간 다양한 장비로 실험, 측정, 검증한 결과, 이름을 부를 때 우리 몸의 뇌와 심장에서 일어난 변화가 오장육부의 변화를 가져온다는 사실을 확인할 수 있었다. 오장육부에서 좋은 반응이 나오면 좋은 이름이고 나쁜 반응이 나오면 나쁜 이름이다. 해외에서도 주파수가 인체에 미치는 영향을 연구한 자료들이 각종 논문에 게재되고 있다.

학술문헌에서 발췌한 다양한 신경조직의 주파수 민감성

주파수	작용 부위
1Hz	멜라토닌 분비(Lerchl et. al., 1988)
2Hz	신경재생, 배양된 신경절에서 신경돌기 성장(Sisken and Walker, 1995)
5Hz	뼈 형성(Matsunage et al, 1996)
6.4Hz	연골(Sakia et al, 1991)
7Hz	뼈 성장(Sisken and Walker, 1995)
10Hz	콜라겐 생산(Lin et al, 1993)

10Hz	DNA 합성(Takahashi, et al. 1996)
10Hz	피부괴사 감소, 모세혈관 형성 및 섬유모 세포 증식 촉진 (Sisken and Walker, 1995)
10Hz	골다공증(Takayama, et al, 1990)
20Hz	피부괴사 감소, 모세혈관 형성 및 섬유모 세포 증식 촉진 (Sisken and Walker, 1995)
20Hz	뼈 형성(Matsunaga et al, 1996)
25Hz	신경성 인자와 상승작용(Sisken and Walker, 1995)
40/116Hz, 40/355Hz	염증(Reilly, et, al, n, d)
50Hz	신경성 인자와 상승작용(Sisken and Walker, 1995)
50Hz	뼈 형성(Matsunaga et al, 1996)
50Hz	림프구에서 유사분열과 염색체 이상에 영향(Khalil, Qassen, 1991)
72Hz	피부괴사 감소, 모세혈관 형성 및 섬유모 세포 증식 촉진 (Sisken and Walker, 1995)
100Hz	뼈 형성(Matsunaga et al, 1996)
100Hz	골결함(Takano – Yamamoto, et al, 1992)
100Hz	DNA 합성(Takahashi et al, 1986)
200Hz	뼈 형성(Matsunaga et al, 1996)

2)

과거에는 상상조차 못한 수준의 장비들이 지금 우리 손안에 있다. 가정에서만 사용하던 전화기가 핸드폰이 되더니 스마트폰이 되었다. 전화기 속에는 카메라, 녹음기를 비롯한 모든 기능이 탑재되어 만능기기가 되었다. 앞으로 또 어떤 발전으로, 어떤 기능이 들어간 기기가 탄생할지 모를 정도다.

2) James L. Oschman, Phd. 『에너지 의학』, 한솔 출간, 314~315쪽

스마트워치는 단순히 시계에서 벗어나 이제 컨디션 변화를 측정하는 장비가 되었다. 혈압은 물론 체지방 측정, 걸음걸이 등의 운동량을 비롯해 다양한 인체 변화를 기록하는 계측기가 된 지 오래다. 이 같은 계측기를 이용해 이름을 부르기 전후의 상태를 확인한다면 이 세상에서 많은 거짓이 사라질 것이다.

　　이름을 바꾸는 모든 사람이 좋은 이름을 갖고 싶어 한다. 그래서 여기저기 작명가들을 찾아가 좋은 이름을 받으려고 애쓴다. 하지만 작명가들이 만든 이름이 정말 좋은 이름인지는 아무도 모른다. 과학적 검증법이 없는 상태에서 말로만 하는 주장은 신뢰도가 낮다. 눈으로 보는 방법이 많은데 왜 말로만 하고 있을까? 작명가들이 이름을 만드는 과정에 과학적 논리가 결여되어 설명하지 못하는 것이다.

　　이름 치료에 사용하는 장비로 뇌, 심장, 오장육부에서 발생하는 에너지 변화를 측정한다. 이름은 뇌와 심장에 영향을 미치는 에너지이므로 이것을 측정하지 않으면 좋은 이름인지 아닌지 알아낼 수 없다. 그래서 이름검진을 위해서는 반드시 확인을 해봐야 한다. 의료장비가 개발되면서 이름검진 방법도 나날이 급속히 발전하고 있다. 머지않아 초등학생도 자기 이름이 좋은 이름인지, 나쁜 이름인지 스스로 알 수 있게 될 것이다. 그때는 작명가에게 가지 않더라도 스스로 이름을 만들어 자신의 계측기로 확인할 수 있을 것이다. 이름을 부르면 뇌파, 심장박동, 혈압, 체온, 인체 에너지 등이 변화하므로 계측기로 확인하는 것이 별로 어렵지 않은 세상이 다가오고 있다는 것은 너무나 반가운 일이다.

내 이름으로
성공할 수 있을까? _____

1-3
이름의 본질을 파악한 이름 연구의 확산

운이 좋아지는 이름이라면 뭔가 편안하고 안정된 상태로 만들어주는 변화가 있어야 한다. 그렇게 되려면 그런 에너지가 있어야 한다. 이름을 연구하는 대부분의 작명가들은 한자의 발음이나 의미보다 획수에 치중한다. 하지만 한자의 획수가 인간의 운명에 영향을 미치는 원인을 확인해보면 구마사키 겐오의 주장 외에는 근거가 없다. 이 같은 주장을 누군가가 검증하지도 않고 작명한다는 사실이 너무나 이상했다. 그동안 작명계에서 아무도 이 문제를 확인하지 않았다는 것은 이름을 올바로 연구하는 작명가가 없었다는 뜻이다.

획수는 옥편에서 한자를 편리하게 찾는 방법일 뿐 운명과는 관련이 없다. 글자의 획수가 운명과 관련있다며 채구봉의 81수리와 연관짓는데 이것도 81 숫자만 같을 뿐 내용은 전혀 다르다.[3]

---

3) 김만태, 『창씨개명기에 전파된 일본 성명학』, 143쪽.

수리성명학의 81 영동수 의미

수	격·운	길흉	수	격·운	길흉
1	두수격(頭首格)·시두운(始頭運)	○	2	분산격(分散格)·고독운(孤獨運)	×
3	명예격(名譽格)·복록운(福祿運)	○	4	파멸격(破滅格)·파괴운(破壞運)	×
5	성공격(成功格)·명재운(名財運)	○	6	풍후격(豊厚格)·덕후운(德厚運)	○
7	발달격(發達格)·발전운(發展運)	○	8	건창격(健暢格)·강성운(剛盛運)	○
9	종국격(終局格)·시휴운(時虧運)	×	10	단명격(短命格)·공허운(空虛運)	×
11	갱신격(更新格)·재흥운(再興)	○	12	유약격(柔弱格)·고수운(孤愁運)	×
13	총명격(聰明格)·지달운(智達運)	○	14	이산격(離散格)·파괴운(破壞運)	×
15	통솔격(統率格)·복수운(福壽運)	○	16	덕망격(德望格)·유재운(裕財運)	○
17	용진격(勇進格)·창달운(暢達運)	○	18	발전격(發展格)·융창운(隆昌運)	○
19	성패격(成敗格)·병악운(病惡運)	×	20	공허격(空虛格)·허망운(虛妄運)	×
21	자립격(自立格)·두령운(頭領運)	○	22	박약격(薄弱格)·단명운(短命運)	×
23	혁신격(革新格)·왕성운(旺盛運)	○	24	출세격(出世格)·축재운(蓄財運)	○
25	건창격(健暢格)·재록운(財祿運)	○	26	만달격(晩達格)·영웅운(英雄運)	△
27	중절격(中折格)·중단운(中斷運)	×	28	풍파격(風波格)·파란운(波瀾運)	×
29	성공격(成功格)·향복운(享福運)	○	30	불측격(不測格)·불안운(不安運)	×
31	개척격(開拓格)·흥가운(興家運)	○	32	순풍격(順風格)·왕성운(旺盛運)	○
33	등룡격(登龍格)·융성운(隆盛運)	○	34	변란격(變亂格)·파멸운(破滅運)	×
35	태평격(泰平格)·안강운(安康運)	○	36	영웅격(英雄格)·파란운(波瀾運)	×
37	정치격(政治格)·출세운(出世運)	○	38	문예격(文藝格)·학사운(學士運)	○
39	장성격(將星格)·지휘운(指揮運)	○	40	변화격(變化格)·공허운(空虛運)	×
41	고명격(高名格)·제중운(濟衆運)	○	42	신고격(辛苦格)·수난운(受難運)	×
43	성쇠격(盛衰格)·산재운(散財運)	×	44	침마격(侵魔格)·파멸운(破滅運)	×
45	대각격(大覺格)·현달운(顯達運)	○	46	비애격(悲哀格)·비수운(悲愁運)	×
47	전개격(展開格)·득시운(得時運)	○	48	제중격(濟衆格)·영달운(榮達運)	○
49	변화격(變化格)·성패운(成敗運)	△	50	성패격(成敗格)·상반운(相半運)	×
51	성쇠격(盛衰格)·길흉운(吉凶運)	×	52	승룡격(昇龍格)·시승운(時乘運)	○
53	내허격(內虛格)·반길운(半吉運)	×	54	무공격(無功格)·패가운(敗家運)	×
55	미달격(未達格)·불안운(不安運)	×	56	한탄격(恨歎格)·패망운(敗亡運)	×
57	봉시격(逢時格)·강성운(剛盛運)	○	58	선곤격(先困格)·후복운(後福運)	△
59	재화격(災禍格)·불성운(不成運)	×	60	동요격(動搖格)·재난운(災難運)	×

내 이름으로
성공할 수 있을까?

61	이지격(理智格)·재리운(財利運)	○	62	화락격(花落格)·쇠퇴운(衰退運)	×
63	순성격(順成格)·발전운(發展運)	○	64	봉상격(逢霜格)·쇠멸운(衰滅運)	×
65	번영격(繁榮格)·흥가운(興家運)	○	66	암야격(暗夜格)·실등운(失燈運)	×
67	천복격(天福格)·영달운(榮達運)	○	68	명지격(明智格)·발명운(發明運)	○
69	종말격(終末格)·정지운(停止運)	×	70	공허격(空虛格)·암야운(暗夜運)	×
71	현룡격(見龍格)·발전운(發展運)	△	72	상반격(相半格)·후곤운(後困運)	×
73	평길격(平吉格)·안과운(安過運)	△	74	우매격(愚昧格)·불우운(不遇運)	×
75	적시격(適時格)·평화운(平和運)	△	76	선곤격(先困格)·후성운(後盛運)	×
77	전후격(前後格)·길흉운(吉凶運)	△	78	선길격(先吉格)·평복운(平福運)	△
79	종극격(終極格)·종말운(終末運)	×	80	종결격(終結格)·종지운(終止運)	×
81	환원격(還元格)·갱희운(更喜運)	○	−	○(길) △(평) ×(흉)	

이 연구는 글자의 획수에 신비한 힘이 있다고 주장한다. 하지만 확인해보면 구마사키 겐오의 수리성명학은 일본 전국시대 무로마치 막부를 멸망시키고 일본 전국을 통일하기 직전 죽임을 당한 오다 노부나가, 임진왜란을 일으킨 도요토미 히데요시, 에도 막부 시대를 연 도쿠가와 이에야스 등 일본 쇼군들의 흥망성쇠에 그들의 한자 성명의 글자 획수를 구마사키가 의도적으로 짜 맞추고 달[月]과 여성을 상징하는 음(陰)은 흉한 것으로, 태양[日]과 남성을 상징하는 양(陽)은 길한 것으로 보고 81개의 길수(吉數)와 흉수(凶數)로 구분해 만든 작명법이다. 그리고 구구원수도(九九圓數圖) 등에 바탕한 채침의 81수 관념이나 음양오행론·상수론 등과 전혀 무관하다.[4]

---

4) 김만태, 『창씨개명기에 전파된 일본 성명학』, 148쪽.

이 이론대로라면 한자의 획수를 더한 숫자가 13이면 총명하고 14면 이혼한다고 하지만 실제로 그런 일은 일어나지 않는다는 것을 여러 명의 이름을 확인한 결과, 알 수 있었다.

필자는 이름을 연구하면서 이름의 힘이 소리와 글자의 모양에서 나온다는 것을 알게 되었다. 이름을 부를 때 성대의 떨림이 발성기관을 거치며 나오는 소리가 뇌와 심장에 영향을 미친 결과, 이름을 부르는 사람과 듣는 사람에게 영향을 미쳐 에너지 변화를 이끌어내는 것이다. 이 같은 이름에너지의 힘은 인체에너지를 향상시키거나 저하시키는 등 우리의 건강에 직접적인 영향을 미친다. 이 같은 연구 결과를 한국정신과학학회 학술대회에서 발표했다.

이 연구 결과를 알게 된 중국 벤처기업협회장 초청으로 북경에서 개최된 국제회의에서 발표하고 미국 텍사스주립대와 공동연구 협약을 체

결해 연구 중이며 '과학과 의학으로 밝혀본 이름의 힘'은 스페인어로 번역되기까지 했다.

• 북경에 초대받아 이름에너지가 기업경영에 미치는 영향을 발표하는 안동연 박사

• 텍사스주립대 부총장과 함께

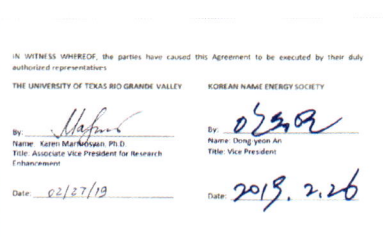

• 텍사스주립대와 이름에너지 연구협약 체결

• 미국 학생들 이름검진 후 기념촬영

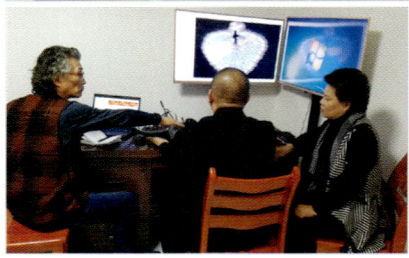
• 중국 장춘에서 진행한 이름검진

• 워싱턴에서 진행한 이름치료 강좌

　　이후 코로나 확산으로 잠시 연기되었지만 코로나가 잠잠해지고 연구가 다시 진행되면 이름에너지 연구가 본격적으로 다시 시작될 것이다. 미국, 중국 등 해외에서 이름에너지를 연구하며 확인해보니 중국에서도 81수리, 자원오행 등을 사용하지 않고 있었다. 81수리, 자원오행이 그렇게 대단한 이론이고 아무도 반박하지 못할 정도라면 지구상 수많은 나라, 어느 민족의 이름도 확인해 설명할 수 있어야 하는데 해외에서 사용하기에는 논리 구조가 절대적으로 부족해 이름을 만드는 데 사용할 수 없는 주장일 뿐이다.

1-4 작명가가 모르는 이름의 세 가지 효과

우리나라 작명가들이 좋은 이름을 만든다고 하며 사용하는 작명법은 81수리, 자원오행, 사격수리 등이다. 그 뿌리를 찾아보면 우리 이름과 무관한 논리다. 이 같은 작명법의 기본은 한자의 획수다. 한자 획수는 옥편을 찾을 때나 필요한데 이것을 이름과 연관지은 인물은 구마사키 겐오다. 이 이론은 검증되지 않은 미신과 같은 주장일 뿐이다. 그러나 이름은 인체에 영향을 미치는 에너지다. 글자가 아닌 소리가 중요하다. 소리로 만들어진 것이 이름이므로 글자가 없던 시대에도 이름이 있었고 지금도 그 이름으로 부르고 불리며 살아간다. 작명가들이 모르는 이름의 원리를 살펴보자.

첫째, 이름은 소리이므로 글자가 없어도 만들 수 있다.

말이 소리이듯 이름도 소리다. 이름이 글자라면 글자를 모르는 아기들은 이름을 불러도 몰라야 하지만 이름을 불렀을 때 알아듣는 것은 소리이기 때문이다. 반려동물도 자기 이름을 불렀을 때 알아듣는 것은 바로 이름의 소리가 자신을 부르는 것임을 알기 때문이다.

평소 우리는 모두 이름을 부를 때 글자로 적어 보여주며 부르지 않는다. 그냥 소리로 부른다. 이 소리에는 어떤 힘이 있을까? 우리 목소리에는 성대가 떨려 나오는 주파수가 있다. 이 주파수는 사람마다 발음마다 다르다. 그 주파수 차이가 누가 부르는지 알게 해준다. 이름을 부르는 소리를 들으면 엄마가 부르는지, 아빠가 부르는지, 이웃집 아저씨가 부르는지 알 수 있다. 그래서 내가 대답하는 것도 달라진다. 어른이 부르면 '예'라고 대답하지만 친구가 부르면 '응'이라고 대답한다. 이렇게 소리에는 모든 것을 구별하는 정보가 들어 있는데 이 소리정보의 내용에 따라 대상에서 발생하는 반응도 다르다.

우리 목소리는 성악에서 소프라노, 알토, 테너, 베이스로 구분한다. 소프라노의 주파수가 영향을 미치는 부위와 테너의 주파수가 영향을 미치는 부위가 다르다. 그래서 같은 이름도 엄마가 부를 때와 아빠가 부를 때 자녀의 몸에서 일어나는 반응이 다르다. 이 같은 영향을 더 정밀측정하면 엄마가 부를 때는 위장에서, 아빠가 부를 때는 간에서 반응이 올 수 있다.

이같이 발음에 의한 주파수 차이가 내 이름과 남의 이름을 구분하기도 한다. 따라서 같은 이름도 부르는 사람에 따라 영향을 받는 부위가 달라 이름의 힘이 달라진다. 이 같은 차이도 모르고 같은 이름이면 같은 효과를 발휘한다고 주장하는 것은 이름의 힘을 모르고 하는 소리다. 더구나 이름이 같으면 운명도 같다는 주장은 설득력이 떨어진다. 같은 이름도 부르는 사람에 따라 전혀 다른 효과가 발생하기 때문이다.

발음 주파수가 인체에 미치는 영향 차이

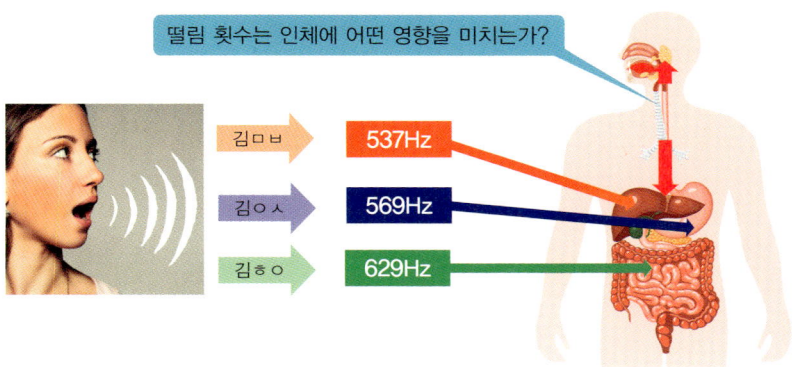

둘째, 작명가들이 생각하지 못하는 이름의 두 번째 핵심은 '홍길동'이라고 부르는 것과 '길동아'라고 부르는 것이 다르다는 것이다.

성을 붙여 부르는 것과 이름만 부르는 것은 그 효과가 전혀 다르다. 그런데 작명가들은 성+이름을 주면서 이렇게 부르는 것으로 알고 있지만 실제로는 다른 결과가 나온다. '홍길동'이라고 부르면 우리 몸은 '홍'을 성으로, '길동'을 이름으로 알아듣지만 '길동아'라고 부르면 '길'을 성으로, '동아'를 이름으로 알아듣는다.

'홍길동'이라고 부를 때의 주파수와 '길동아'라고 부를 때의 주파수에는 많은 차이가 난다. 이것은 확인해보면 금방 알 수 있는데 작명가들은 과학적으로 확인하지 않기 때문에 이것을 모른다.

세 번째, 한자로 이름을 만들어준다는 것이다.

대부분의 작명가들이 작명증서를 한자로 만들어준다. 한자는 뜻글자다. 이름이 소리글자라는 것을 안다면 한글로 만들어야 원래 이름에 가깝다. 한자는 같은 글자를 다른 발음으로 읽는 경우가 많다. 동자이음인 경우가 많아 한자만 적어놓으면 다른 발음으로 읽을 때가 가끔 있다.

乾은 '건'으로 읽지만 '간'으로도 읽는다.
易은 '역'으로 읽지만 '이'로도 읽는다.
皮는 '피'로 읽지만 '비'로도 읽는다.

이 같은 글자가 한두 자가 아니다. 그런데 이름을 왜 한자로 만들까? 한자에는 영동력(靈動力)이 있다고 한다. 영동력은 귀신이 움직인다는 말이다. 이 세상 모든 글자 중에 왜 한자에만 귀신이 움직일까? 살아 있는 사람의 이름을 한자로 만들면 귀신이 따라다닌다는 해괴한 주장을 멀쩡한 작명가들이 하고 있다. 누가 확인한 것일까?

원래 영적(靈的) 분야는 작명가가 아닌 무속인의 영역이다. 그런데 이름 설명을 하다가 갑자기 왜 영적 주장이 나오는지 모르겠다. 설령 있다고 해도 왜 한자에만 영적 에너지가 있고 다른 글자에는 없는 걸까?

영적 에너지라면 주문을 적는 부적을 빼놓을 수 없다. 부적이야말로 영적 에너지의 대표적인 존재다. 부적에 적힌 글자 모양과 내용에 따라 반응하는 영적 존재가 다르고 부적의 효과도 다르다. 이름이 영적효과를 기대하는 부적과 같은 것이라면 이름을 불렀을 때 우리 자녀가 오지 않고 귀신이 와야 한다는 말이 된다.

고객은 자녀 이름을 만들어달라고 작명을 의뢰하는데 우리 자녀를 부를 때 알지도 못하는 귀신이 온다면 그 이름을 사용하는 당사자나 부모의 기분이 얼마나 섬뜩할까? 그들의 주장대로 이름에 정말 귀신이 붙어 온다면 그것이 어떤 귀신인지 정확히 알아야 작명을 할 수 있다. 영적 존재의 내용도 모르는 사람이 작명을 하면 안 된다는 주장이 나올 수 있다.

영적 세계를 명확히 부정할 수는 없을 것이다. 수많은 영적 경험자들이 있고 과학이 더 발전하면 영적 에너지도 확인 가능한 세계로 들어올 것이다. 미스터리한 현상을 다루는 프로그램에서 영적 존재가 촬영된 사진도 있다. 이름으로 영적 현상이 발생한다면 작명증서에 실린 한자의 영적 현상이 그 이름을 사용하는 사람에게 발생해야 한다. 그런데 당사자는 한자 이름을 갖고 다니지 않는데 어떻게 영적 현상이 일어날 것인가?

작명가는 이름을 잘 지어주면 되고 그 이름의 힘은 당사자를 건강하고 잘 살아가게 해주면 된다. 잘 살아간다는 것은 건강하고 공부 잘하고 직장생활 잘하고 자영업자라면 자신의 전문분야 일을 잘하는 것이다. 그러면서 가정에서 행복하게 살아가면 된다. 이 같은 목적으로 만드는 이름은 과학과 의학으로 얼마든지 확인할 수 있다. 보이지 않는 영적 존재까지 들먹이면서 좋은 이름을 만들어도 그 속에 내용이 없다면 고객을 속인 것이다.

1-5 우리 이름의 역사
– 작명 이론 재검토의 필요성

우리 이름을 삼국시대부터 조선 시대까지 확인해보면 나름대로 우리 이름이 살아 있었다. 하지만 대부분 단순한 이름이었다. 우리의 원래 이름이 사라진 것은 언제일까? 이름을 연구하며 우리 이름이 어떻게 전해졌고 어떤 이론으로 만들어져 사용되어 왔는지를 검토해보면 작명가들이 사용하는 작명법이 우리 것이 아님을 알 수 있다.

81수리 등 작명법을 확인한 결과, 여러 가지 너무나 이상한 점을 발견했다. 작명가들이 천하의 보물처럼 여기는 작명법의 핵심이 너무나 오래된 남의 나라 것이라는 것이다. 매우 오래된 것(이론이라고 할 만한 내용이 없어 '것'이라고 부른다)이고 아무도 검증한 적도 없고 우리나라에서 타당성을 인정받지도 않은 이론을 아무 생각없이 받아 사용하고 있다. 81수리 이론의 주창자는 구마사키 겐오다. 작명가들은 그가 만든 81수리로 우리 이름을 작명하고 있다. 이 사회의 모든 분야가 일제의 영향에서 오래 전 벗어났음에도 작명업계만 아직도 벗어나지 못하고 있다.

　우리 것이 아니더라도 올바른 것이라면 사용해야 하고 우리 것이라도 잘못된 것이라면 바로잡아야 한다. 하지만 작명 분야는 일제의 그릇된 이론이 국내에 뿌리 깊이 박혀 있음에도 우리나라 작명가들은 지금까지 이 같은 사실에 대응조치를 해본 적조차 없다. 그렇다면 지금까지 우리나라 작명가들은 무엇을 했단 말인가? 이 같은 이상한 이론을 지적하고 오류를 수정해야 할 작명가들이 이 문제를 방치한 것은 직무유기다. 우리 이름이 터무니없는 일본식 이론으로 만들어져 사용되어 입은 우리 자녀들의 피해는 어떻게 보상할 것인가?

　우리나라에서 만들어져 세계적으로 인정받는 한글과 중국에서 발전된 한자는 전혀 다르다. 한글은 소리글자이고 한자는 뜻글자다. 한자가 만들어진 중국에서는 오늘날 간자체를 사용하고 원형 글자체인 번체는 적게 사용한다. 조선 시대까지만 해도 중국어를 모르면 한자로 필담이라도 할 수 있었지만 지금 중국은 간체를 사용하고 우리는 번체를 사용하므로 필담도 불가능할 정도로 바뀌었다. 한자의 원조국인 중국에서는 원형이 사라지고 우리나라에서 한자의 원형이 살아 있는 것이다. 그런데 대부분의 작명가들은 한자로만 이름을 만들어주고 있다. 소리를 적으려면 한글로 적어야 하는데 뜻글자인 한자로 이름을 만들면 중국인들은 읽지 못할 수도 있다.

이름을 한자로 적는 것 다음으로 이상한 것은 작명가들이 사용하는 작명법에서 가장 핵심적으로 사용하는 81수리다. 이것을 만든 사람의 근거를 찾다보면 송나라 때 채구봉이라는 자료가 있다. 송(宋朝, 960~1279년)은 중국의 옛 왕조다. 960년 조광윤이 5대 10국 시대의 후주로부터 제위를 선양받아 개봉(카이펑)에 도읍을 정하고 나라를 세웠다. 국호는 송(宋)이었지만 춘추시대의 송과 남북조 시대의 송을 구별하기 위해 황실의 성씨를 따라 조송(趙宋)으로도 불린다.

이후 송나라는 요나라와 서하 북쪽의 금나라와 패권을 다투며 끊임없이 갈등을 겪다가 결국 몽고족이 세운 원나라에게 멸망당했다. 1279년 이후 세상은 너무나 많이 발전했다. 중국에서도 많은 발전이 있었지만 우리나라에서 더 많은 발전이 있었다. 당시와 비교할 수조차 없을 만큼 세상은 바뀌었다.

연도별		900	1000	1100	1200	1300
고려		918~1392				
宋	북송		960~1127			
	남송			1127~1279		

고려와 송은 교류가 있었지만 고려 시대의 우리 이름을 보면 채구봉의 81수리는 어디에도 보이지 않는다. 조선 시대까지 보이지 않던 81수리는 일제강점기 우리나라에 들어온 것으로 확인된다.

내 이름으로
성공할 수 있을까?

조선 왕실의 논문 「작명 연구」에 나온 내용을 살펴보자.

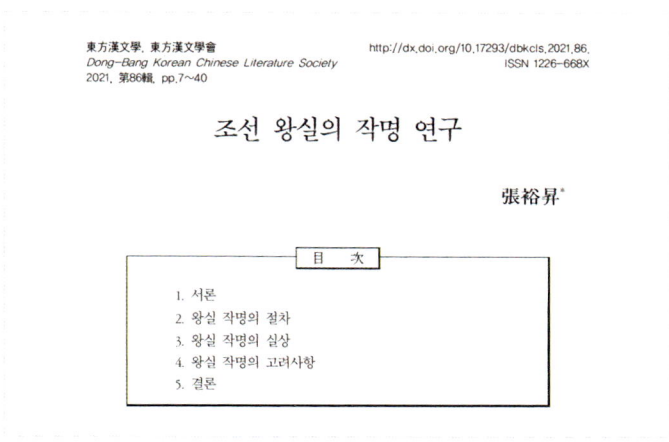

이 논문의 목적은 조선 왕실의 작명 실상을 밝히는 것이다.

조선 왕실의 작명에서는 현대 작명에서 중시하는 오행, 사주, 획수 등을 전혀 고려하지 않았다. 현대 작명과 조선 왕실의 작명 사이에서 공통점을 찾아보기 어렵다.

작명 관련 선행연구가 적지 않지만 대부분 사주명리학에 근거한 현대 작명이론과 실태를 다루었으며 대부분 이름이 운명을 결정한다는 왜곡된 믿음을 전제로 한다. 이 같은 비과학적 연구가 횡행하는 현실은 우려스럽다. 더 심각한 문제는 이것이 마치 전통 작명의 이론과 실상인 양 오인되는 현실이다. 일제강점기 이전 우리나라의 전통 작명 연구가 부족한 탓이기도 하다. 문헌에 입각한 학문적 연구는 찾아보기 어렵다.

한문 문헌에는 작명 관련 내용이 적지 않다. 가장 흔한 것은 이름과 자의 의미를 밝힌 名字說 등이다. 그러나 작명 절차 기록은 흔치 않다. 이 같은 점에서 우선 주목할 것은 풍부한 기록이 남아 있는 국왕의 작명 절차다. 한국학 중앙연구원 장서각에는 조선 왕실의 작명 과정에서 생산된 定名單子 등의 문서가 다수 소장되어 있으며 『승정원일기』를 비롯한 문헌에 '이 문서의 생산배경이 자세히 나와 있다.'[5] 창씨개명 시행 이전 한국인에게 이름은 대부분 개별 호칭 부호나 가문을 나타내는 부호의 역할에만 충실했다. 그러나 창씨개명 시행 이후 한국인에게 이름은 복잡한 운명 부호의 역할도 겸하게 되었다. 즉, 이름에 담긴 음(音)과 획(劃)

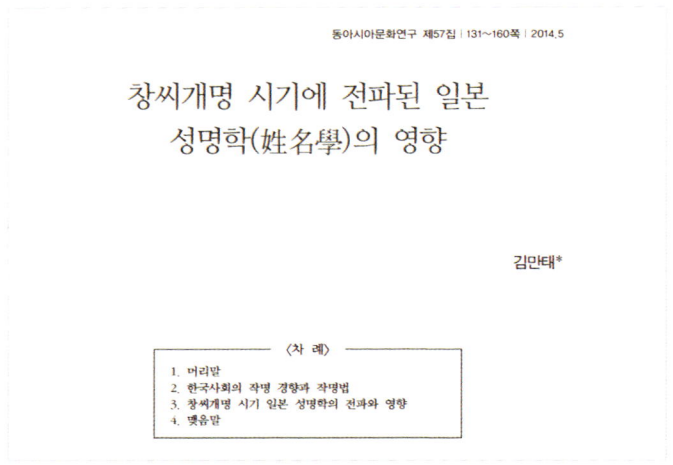

---

5) 張裕昇, 『조선 왕실의 작명 연구』, 東方漢文學, 東方漢文學會, p.7~40

의 음양오행 중화와 상생, 선천적인 사주팔자와의 조화, 상(象)과 수(數)의 길성(吉星) 추구 등으로 이름을 통해 현세에서의 복(福)인 부귀영화와 공명창달, 무병장수 등을 적극적으로 기원하는 경우가 많아졌다(132쪽).

일본 제국주의의 패전으로 식민지 기구의 와해와 함께 창씨개명 정책에 의한 일본식 씨명은 5년 동안만 계속되었을 뿐 정착되지 못하고 소멸되었다. 하지만 이때 전파된 일본식 수리성명학의 잔재는 결코 무시할 수 없는, 절대 어기면 안 되는, 어기면 큰일이라도 당할 것처럼 주장하는 철칙이 되어 여전히 이 땅에 존재하고 있다. 그리고 일본 성명학자들이 자신들의 영업이익을 위해 주장하던, 이름이 운명을 좌우한다는 혹세무민의 억지가 아직도 통계학이라는 미명하에 이 땅에서 활개치고 있다. 하지만 학계에서는 이에 대한 체계적 연구는 고사하고 관심조차 없다(133쪽).

『조선의 점복과 예언』은 당시 조선의 방대한 점복 자료를 집대성했다는 점에서 중요한 학술적 가치를 인정받고 있는데 당시 조선 사회에서 이름이 당사자의 운명의 길흉에 영향을 미친다는 인식하에 개명으로 운명을 바꾸려고 했다는 유형의 기사는 전혀 등장하지 않는다. 따라서 적어도 1930년대 초만 하더라도 당사자의 이름과 운명론을 결부짓는 경향이 거의 없었음을 알 수 있다.

이름 관련 언령사상이 복잡해진 계기는 창씨개명기 일본 수리성명학자들에 의해서다. 이들이 개명·성명을 개운(開運)의 수단으로 대대적으로 광고하면서 성명 글자가 당사자의 운명을 결정짓는 데 중요한 역할을 한다고 점점 믿게 되었다. 이에 따라 매우 다양한 형태의 작명법이 1940년대 이후 나타나 오늘날에 이르고 있다(138쪽).

　앞에서 고찰했듯이 수리성명학은 성명 한자의 획수를 계산해 그 배합한 수로 4~5개의 격을 정한 후 81개 영동수에 담긴 의미와 길흉을 판단하는 작명법으로 현재 한국에서 작명가들이 가장 많이 활용 중인 작명법이다.

　지금 우리나라 대부분의 작명가들은 이 같은 한자 성명의 수리를 매우 중시하고 있다. 심지어 한국인이므로 아름답고 의미 있는 한글 이름을 지어야 한다고 주장하는 작명가들조차 그 근원은 알지도 못한 채 수리성명학은 중요하며 무시할 수 없다고 말하는 실정이다. 하지만 일반 작명가들의 통념과 달리 수리성명학 역사는 그리 오래되지 않았고 학술적이지도 않다. 지금 한국 사회에서 통용되는 수리성명학은 일본 성명학의 시조로 평가받는 구마사키 겐오(熊崎健翁)가 1920년대 후반에 창안한 작명법에서 유래했다.⁶⁾

---

6) 김만태, 「창씨개명 시기에 전파된 일본 성명학의 영향」, 동아시아문화연구 제57집, 2014. 5. 131~160쪽, 장유승, 「조선 왕실의 작명 연구」, 동방한문학, 동방한문학회, 제86집, 2021, 7~40쪽

위 두 논문에 의하면 송나라와 가장 많이 교류한 고려 때는 채구봉의 81수리가 들어오지 않았는데 일제강점기 구마사키 겐오가 들어와 오늘날까지 작명법의 핵심으로 사용되고 있다. 작명가들의 이름풀이 내용은 모두 이것을 기본으로 하며 81수리와 자원오행이 작명의 근본인 것으로 알고 있다. 이름은 한 개인의 운명을 바꾸는 에너지다. 작명을 한다면 누군가의 운명을 책임질 자세를 갖추고 자신의 작명법에 분명한 근거가 있어야 한다. 그러나 구마사키의 81 수원도는 채구봉의 81수리나 관념과 전혀 무관하므로 서로 연관지을 일이 아니다.

역술인들이 통계라지만 정상적인 사주 통계가 없듯이 작명가들의 논리도 확인해보면 실체가 없다. 이론 검토도 없이 작명하고 누군가의 이름을 풀이한다면 그들이 오랜 세월 무엇을 했는지 따져봐야 한다. 당시는 아무리 옳았다고 해도 10년이면 강산도 변한다는데 강산이 수백 번 바뀌는 동안 아무 것도 하지 않았다면 지금이라도 다시 확인해야 한다. 더구나 그 이론은 중국 이론을 빙자한 일본 이론이고 한자를 근본으로 한다. 그 이론을 끌어와 사용하고 당시 조선인들의 이름을 일본식으로 바꾸기 위해 적용한 사람은 일본인 작명가다.

한국인, 일본인, 중국인은 지역, 기후, 체질이 다르다. 송나라 때 만든 이론이 어떻게 일본으로 흘러들어가 이름에 사용되었는지 알 수 없지만 이 이론이 한국인에게 그대로 맞다는 보장도 없다. 한국인, 중국인, 일본인은 체형, 식성도 모두 다르기 때문에 에너지가 주고받는 영향도 다르다.

이름은 목소리와 글자의 주파수가 인체에 미치는 영향을 분석·검증하는 과학이다. 송나라의 과학기술은 보잘것없는 수준으로 현대 과학기술과는 비교조차 할 수 없다. 그런데 송나라 시절의 이론이라는, 근거도 불분명한 자료를 현대의 우리 자녀들의 이름을 만들 때 사용하고도 왜 아무렇지도 않은 걸까? 게다가 오늘날은 국제화 시대다. 영어 이름을 가진 사람도 의외로 많다. 닉네임, 아이디(ID), 예명, 필명 등 다양한 형태의 이름들이 있다. 조선 시대에도 아호, 호 등 다양한 이름이 있었지만 지금은 이름의 종류가 너무 많아 원래 이름보다 더 많이 사용하는 다른 이름이 있을 정도다. 연예인이나 게이머 등의 원래 이름은 모르지만 예명은 안다.

　　한국인들이 영어 이름이 없더라도 해외에서 부를 때는 우리가 부르는 것과 다르다. 발음이 다르면 다른 이름이다. 하지만 아무도 이것을 이상하게 생각하지 않는다. 세상이 이렇게 급변하는데 작명가가 사용하는 작명법은 왜 그대로일까?

　　이름이 달라지면 작명법과 분석법도 달라져야 한다. 이름이 달라지는데 작명법이 그대로라면 우리가 사용하는 현대의 이름을 분석할 수 없다. 평생 외국인을 한 번도 만날 수 없던 시대에서 눈만 뜨면 여기저기서 외국인을 만나는 시대로 변했는데 제대로 된 이름 연구를 왜 아무도 안 할까?

우리나라 작명업계는 죽은 업계라고 필자는 생각한다. 일제강점기에 들어온 이론이 지금까지 사용되는 곳은 작명소밖에 없다. 제트 여객기를 타고 해외를 넘나드는 시대에 우리나라 작명계가 일제강점기에 들어온 이론을 그대로 사용하는 것은 애국심이 없기 때문인가, 영혼이 없기 때문인가, 연구역량이 부족하기 때문인가?

'家'라는 용어는 한 분야에서 일가를 이룬 사람에게 붙여주는 호칭이다. 작명가들에게 이 호칭을 붙여줄 수 없는 것은 이들에게 작명실력, 연구능력, 문제파악 능력 등이 전혀 없기 때문이다. 그렇다면 일제의 작명법으로 이름을 만들어 제공해 온 이들을 작명가라고 부르기는 어려우니 뭐라고 불러야 할 것인가?

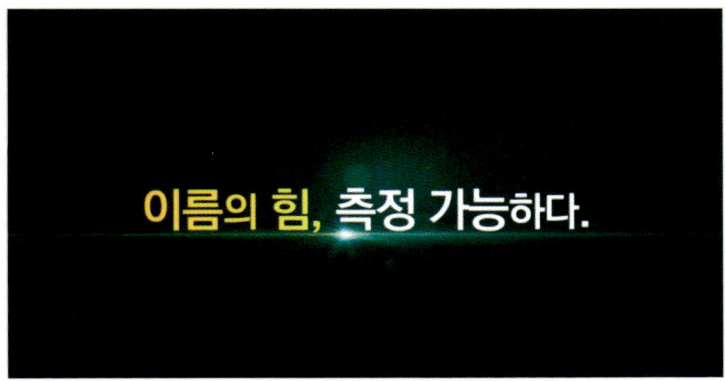

7)

---

7) https://www.youtube.com/watch?v=oQt3Ucb_h9s

1-6

너무나 이상한 구마사키 겐오의 81수리, 원형이정

작명 역사를 살펴 보면 단 두 명의 이름만 나온다. 송나라 채구봉과 일제강점기의 구마사키 겐오다. 작명 이론의 핵심인 81수리의 창시자가 채구봉이며 이 이론을 들여온 사람이 일제강점기 일본인 작명가들임에도 독립된 지 80년이 다 되도록 우리나라 작명가들 중에는 이 이론을 검증하거나 반박할 사람이 없었다는 것이다.

전 세계적으로 과학기술이 발달한 것은 16세기 이후다. 송나라는 13세기까지 존재했는데 송나라 시대에 확실한 근거도 없이 만들었다는 81수리가 그렇게 대단한 학문이었다면 고려시대에 그 이론을 받아들이지 않았을 리 없고 조선시대 왕실에서도 그 이론을 사용해 왕실 가족이나 고관대작의 이름을 짓지 않았을 리도 없다. 하지만 우리나라 어느 기록을 뒤져봐도 작명할 때 채구봉의 81수리를 사용했다는 근거를 찾아볼 수 없다.

검증되지 않은 이 같은 이론으로 작명하면서도 작명가들은 81수리, 자원오행 등을 중시한다. 81수리는 한자의 획수로 운을 풀어보는 방법이다. 인터넷에서 '81수리'를 검색해보면 대부분의 작명가가 이 이론을 우주의 이치를 풀어놓은 것이라고 주장하면서 작명에 사용하고 있다. 하지만 어떤 천문학에도 81이라는 숫자는 없다.

이 이론을 누군가가 확인하거나 검증해봤다는 기록은 어디에도 없다. 이름이 누군가의 운명을 바꾼다면 절대로 나쁘게 바꿔주면 안 된다. 하지만 좋고 나쁨을 따지는 근거의 핵심이 81수리인데 이것을 검증해 보지도 않았다는 것은 심각한 문제다.

　81수리 계산의 근거는 한자의 획수다. 글자의 획수가 우리의 운에 어떤 식으로 작용한다는 근거도 없다. 그냥 그 숫자가 영향을 미친다고 한다. 원래 글자의 획수는 한자(漢字)를 쓰는 데 한 번 그은 줄이나 점의 총수를 말한다. 즉, 글자를 쓰면서 붓을 뗀 횟수를 기준으로 옥편에서 한자를 찾을 때 사용하는 기준에 불과하다. 그런데 이 획수가 인간의 운명에 영향을 미친다고 한다.

　획수가 운에 영향을 미치려면
　1. 손동작이 인간의 운명에 영향을 미친다.
　2. 글자의 모양이 인간의 운명에 영향을 미친다.

　이 같은 가설을 세우고 그 내용을 검증하는 후속연구가 나왔어야 했다. 하지만 작명가 중 채구봉과 구마사키 겐오 이래 81수리의 내용을 검증하는 후속연구를 한 사람은 아무도 없다. 작명계가 정상적인 분야라면 그 후 이름연구 논문이 수백 편은 나왔어야 하지만 81수리가 이상하다거나 바꿔야 한다는 생각은 하지 않고 모두 따라 하기에만 바빴다.

　일제강점기 구마사키 겐오가 우리나라에 도입했다는 사실을 아는 사람은 안다. 하지만 일제강점기 일본인 작명가의 만행은 지적하지 않고 송나라 시절의 검증되지 않은 이론으로 세탁해 사용하면서 면책받으려고 한다. 모든 작명가가 사실상 유령과 같은 이론으로 우리의 이름을 만들어온 것이다. 수십 년 동안 일제강점기에 들어온 이론이라는 것을 알면서도 작명에 사용한 것은 너무나 부끄러운 일이다.

작명이 직업이라면 이름이 운명에 영향을 미친다고 하면서 누군가의 운명을 책임지겠다는 자세를 갖추고 자신의 작명법에도 분명한 근거가 있어야 한다. 그 같은 검토도 없이 작명을 하고 누군가의 이름을 풀이한다면 그 이론이 맞는지 틀리는지 검증했어야 했다.

81수리의 기원을 살펴보면 송나라 채구봉(일명 서산 선생)이 81수원도(八十一數元圖)를 만들어 한자 획수에 의한 길흉을 설명했다고 한다. 성명을 분석할 때 가장 많이 사용하는 방법으로 성명 한자 중 획수를 합해 이것저것 조합해 의미를 부여한 것으로 그 이름 자체에 내포된 길흉화복을 설명한 것이라고 한다.

元格(원격), 亨格(형격), 利格(이격), 貞格(정격)의 四格(사격)은 독립해 해당하는 시기에만 영향력이 있는 것이 아니라 상호연관성을 갖고 서로에게 영향을 미치며 이름의 주인공이 능력을 발휘하는 운세를 담은 그릇이라고 할 수 있다. 이 원리는 통계학(?)의 원리로 두 개 이상의 흉수가 겹치면 흉작용이 가중되므로 가능하면 四格을 모두 좋은 격으로 구성하는 것이 좋다(글쓴이의 명예를 위해 출처를 밝히지 않는다).

지금까지 우리나라 작명계에서 이름 연구를 제대로 한 사람이 없었다는 증거가 바로 81수리다. 이들의 직무유기를 도와준 사람들은 바로 그런 작명소에 가 작명하면서 아무것도 물어보지 않은 고객들이다.

- 이름이 좋거나 나쁘다는 근거는 무엇인가?
- 81수리는 언제 누가 만들었고 누가 확인했는가?
- 그것으로 풀이했을 때의 적중률은 누가 검증했는가?
- 원래 청출어람이 학계의 기본적인 연구 자세이지만 우리나라 작명계는 송나라 이후 채구봉이나 구마사키 겐오보다 똑똑한 자가 한 명도 없었는지 등을 물어봤어야 했다. 아무도 묻거나 따져보지 않고 이제 와서 작명가에게 속았다고 하소연하는 것은 어리석음을 스스로 인정하는 것일 뿐이다.

원형이정의 비논리적 구조

구분	원격	형격	이격	정격
획수 구분	이름 두 자의 획수	성과 이름 첫 자의 획수	성과 이름 끝 자의 획수	성과 이름 두 자의 획수
적용 연령	0~20세	20~40세	40세 이후	평생 운
홍길동의 예	길동	홍길	홍동	홍길동

성과 이름 획수를 더해 네 개로 나누고 원형이정 논리를 사용하는 것도 터무니없다. 작명가들이 이같이 비합리적인 이론으로 작명하면서도 아무도 이상하다는 생각을 하지 않았다는 것이 더더욱 이상하다. 어떤

이름을 사용하면 어떤 운으로 살아간다는 것이 작명 논리인데 이름을 바꾸지도 않았는데 어떻게 20대, 40대에 운이 달라진다는 것인가?

정상인이라면 이 같은 이상한 논리가 맞다고 생각하는 것이 더 이상하다. 이 이론이 맞으려면 어릴 때는 '길동'으로 불리고 20~40세 때는 '홍길'로 불리고 40세 이후에는 '홍동'으로 불려야 한다. 하지만 평생 '홍길동'이나 '길동아'라고 부르고 '홍길아', '홍동아'라고 부르지 않는데 왜 운이 달라진다는 것인가?

원형이정의 사격도 깊이 검토해보면 완전히 비논리적이다. 불러주는 것에 따라 운이 달라지는 것이 이름이라면 바꿔 부르지 않으면 운이 바뀌지 않아야 한다. 하지만 원형이정의 사이비 논리는 이름을 바꿔 부르지 않았는데도 운이 달라진다는 것이다. 정말 대단한 상상력이자 엄청난 비약이라고 할 수 밖에 없는 논리다.

이 같은 비논리적 방법으로 작명하는데도 아무 생각도 없이 그들이 만든 이름을 받아 사용해 온 우리는 사이비 작명가에게 작명사기를 당해도 싸다는 말을 들을 수밖에 없다. 이름은 한 개인의 운명을 바꾸는 에너지다. 역술인들이 통계라지만 정상적인 통계가 없듯이 작명가들의 논리도 확인해보면 실체가 없다.

1-7
개명해야 하는 기준
– 좋은 이름과 나쁜 이름의 판별 기준

우리가 살아가면서 겪는 일 중에는 항상 희로애락이 겹쳐 있다. 어떤 일이든 잘되기도 하고 안되기도 한다. 1등이 있으면 꼴찌가 있는 것이 인생이고 그래서 좋은 결과를 얻기 위해 열심히 노력하라는 것이다. 하지만 아무리 노력해도 안 되는 일이 있다.

내 힘으로 가능한 일이라면 노력하면 되겠지만 내 힘으로 안 되는 일은 아무리 노력해도 안 된다. 시간이 흐르거나 장소나 사람이 바뀌어야 가능한 일이 있다. 무슨 일이든 문제의 해법이 제각각이므로 사안마다 해법도 달라야 한다.

일이 잘 안 풀릴 때 문제의 핵심을 알아내기 위해 우리는 많이 노력한다. 선·후배에게 물어보거나 전문가의 조언을 받거나 부모·친척에게 물어보기도 한다. 이렇게 해도 시원한 답이 나오지 않으면 철학원이나 작명소에 가 해답을 찾기도 한다.

　역술인은 사주로 한 개인의 운명을 풀어 설명해준다. 이 논리의 핵심은 출생순간이다. 출생순간에 운명이 결정된다는 논리다. 운명론의 가닥으로 본다면 결정론적 입장이다. 이름은 자유의지론의 입장이다. 두 이론은 정반대 논리다. 인간의 운명은 '변하지 않는다'라는 주장과 '바꿀 수 있다'라는 주장으로 되어 있다.

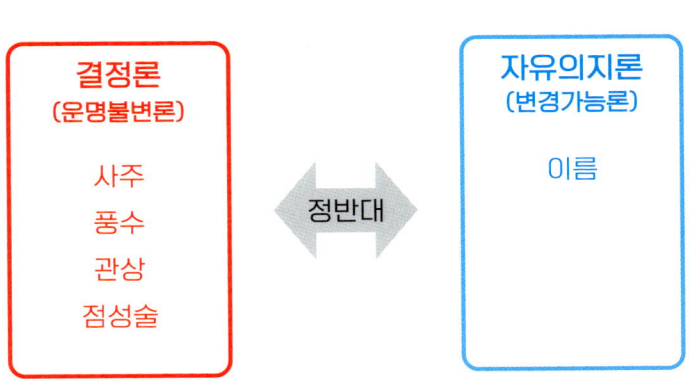

운명불변론(결정론)과 변경가능론(의지론)

운명론의 양 갈래

　이상하게도 일이 안 풀려 작명소에 가 물어보니 나쁜 이름 때문이란다. 듣고 보니 그런 것 같다. 어쨌든 이름이 나빠 일이 안 풀린다니 이름을 바꿔서라도 잘살아보고 싶다. 이름을 바꾸는 것은 입원하거나 약을 먹어야 하는 것도 아니니 한 번 시도해보는 것도 나쁘지 않을 것 같다.

하지만 쉽게 생각하고 시작한 일이 막상 해보니 마냥 쉽지만은 않다. 다른 작명소에 가 물어보니 작명가들마다 하는 말이 제각각이다.

똑같은 이름을 여기서는 좋다, 저기서는 나쁘다?

좋고 나쁜 이름의 기준이 모호해 고객은 너무 혼란스럽다.

기준이 없는 이름

| 사주와 맞지 않는다 – 사주와 이름은 별개 |
| 획수가 안 좋다 – 획수는 일본인 작명가의 속임수 |
| 자원오행이 나쁘다 – 실제로는 존재하지 않는 오행 |
| 발음오행이 나쁘다 – 확인해봐야 안다 |
| 이혼할 이름이다 – 이름 때문에 이혼하지는 않는다 |

작명가 한 명의 말만 듣고 이름을 바꿔도 될까? 생각해보면 나의 모든 지인이 내 이름을 부르며 지내왔다. 그런데 어느 날 갑자기 이름을 바꾸면 나의 새 이름을 모르는 사람들이 나를 부르는지 알 수 없을 수

도 있다. 개명은 단순히 이름의 글자만 바꾸는 것이 아니라 나를 의미하는 모든 것을 바꾸는 것이다.

원래 내 이름이 좋다면 개명할 필요가 없다. 수십 년 동안 사용해온 이름을 바꾸면 여러 면에서 혼란이 생긴다. 개명을 신청해 호적상 이름을 바꾸지 않더라도 다른 사람들에게 새 이름으로 불러달라고 요청해야 하고 어릴 때부터 알고 지내던 사람들도 이름을 바꾸어 불러야 한다.

본인도 새 이름에 적응하는 데 몇 달 걸린다. 주변의 모든 지인에게 새 이름을 알리는 데도 시간이 필요하다. 50년 동안 살아왔다면 나와 알고 지내온 사람들이 적지 않다. 그들이 새 이름으로 부르게 하려면 많은 노력이 필요하다. 이 같은 혼란을 감수하고서라도 이름을 바꾸는 것은 그만큼 필요하기 때문이다. 이름 때문에 내가 살아가면서 겪는 고통이 그만큼 크고 성공할 확률도 떨어질 때 하는 일이다. 누군가에게는 상상조차 할 수 없는 일이다. 이미 살 만큼 살았다고 생각할 수도 있는 나이에 이름을 바꾼다는 것. 그 나이에 이름을 바꿔 뭐하려고?

하지만 이름을 바꿔 여생을 더 건강하게 잘 살고 싶다면 '그걸 왜 못 할까?'라고 생각할 수도 있다. 누군가는 이름을 절대로 바꿀 수 없다고 생각하고 누군가는 쉽게 바꿀 수 있다고 생각한다. 이 부분은 각자의 가치관에 달려 있으므로 일률적으로 평가할 수는 없다.

필자에게 오시는 고객의 경우, 이름이 건강에 미치는 영향을 과학적으로 보여드려 90세가 넘은 고객이 개명하는 경우도 있다. 건강하게 살 수만 있다면 개명쯤이야 대수롭지 않기 때문이다. 그것도 남에게 알리는 것도 아니고 혼자 중얼거리기만 하면 되므로 어려운 일이 아니다. 이름을 바꾸었을 때 인체에서 일어나는 반응을 말로만 설명하는 것이 아니라 과학적인 장비로 보여드려 확신이 서기 때문일 것이다.

이름을 부를 때의 느낌은 바이탈 사인을 측정하는 장비로 확인할 수 있다. 바이탈 사인은 의사가 환자의 생사와 병환의 경중을 판단하는 자료이므로 여기서 좋고 나쁨은 곧 건강 상태의 좋고 나쁨이고 건강 상태의 좋고 나쁨은 운세의 좋고 나쁨을 판단하는 가장 직접적인 기준이다.

이름을 바꾸면서 어떤 이름으로 바꾸어야 할지 생각해본다. 작명가들은 대부분 이름이 나쁘다고 말한다. 그래야 개명하고 수입이 생기기 때문이다. 하지만 그들의 말은 글자의 획수나 오행 등으로 설명해 믿음이 덜 간다. 현대적 용어로 설명할 수는 없을까? 내 에너지가 좋아지면 운도 좋아질 것이다. 그것을 어떻게 확인할 수 있을까?

- 내 건강에 좋은 영향을 미치고 심신을 편안하게 하고 판단력을 좋게 해주는 이름인데 운을 나쁘게 하는 이름일 수 있을까?
- 내 건강에 나쁜 영향을 미치고 누가 내 이름을 부를 때 허둥지둥하게 하고 누가 부를 때마다 힘이 빠지는데 내 운을 좋게 할 수 있을까?

내 이름으로
성공할 수 있을까? _____

- 이름이 부르는 사람에게 20배 이상 더 큰 영향을 미친다는 것을 생각해보자. 아기 이름을 계속 반복해 부르는 사람은 엄마다. 엄마가 아기 이름을 부를 때마다 건강해져 산후 회복도 빠르고 모유 수유도 잘 되는데 아기에게 나쁜 이름이 될 수 있을까?
- 엄마가 아기 이름을 부를 때마다 힘이 빠지고 몸이 아프고 산후 회복도 더디다면 좋은 이름이라고 할 수 있을까?
- 임신 전에는 건강하고 임신 중에도 컨디션이 좋고 출산 때까지 이상이 없었는데 출산하고 아기 이름을 불러준 후로 컨디션이 나빠졌다면 좋은 이름일까?

모든 것은 상식이 가장 평범하고 진리에 가깝다. 이름의 좋고 나쁨도 이렇게 상식적으로 판단해 구별할 수 있고 의료기기로 측정해도 알아낼 수 있어야 한다. 지금까지 작명가들이 그 같은 과학기술을 사용해 확인해본 적이 없어 몰랐을 뿐이다. 확인 방법을 알았다면 이름은 평생 사용해야 할 에너지이므로 반드시 확인해야 한다.

우리가 상식적으로 생각하는 것과 자칭 작명 전문가의 말이 다르다면 더 면밀히 분석해야 한다. 모든 작명가가 이름 전문가인 것은 아니며 일반인보다 지식이 낮은 경우도 있다. 아는 척하는 말에 속는다면 훗날 후회할 일이 생길 수도 있다.

건강과 운은 절대적으로 깊은 관련이 있다. 병든 몸으로는 좋은 일이 들어와도 받아낼 수 없다. 따라서 건강에 좋은 이름이 좋은 이름이고 그렇지 않은 이름이 나쁜 이름이다. 건강에 좋은 이름이 운을 좋게 한다면 건강에 좋은지 여부를 확인할 최신 장비들이 많이 개발되어 있다. 사용하거나 생각해본 적이 없어 몰랐을 뿐 주변을 둘러보면 과학기술이 엄청나게 발전해 있다.

건강과 이름의 연결은 지극히 상식적인 기준이다. 건강에 나쁜 영향을 미치고 판단력을 떨어뜨리는 이름은 개명할 필요가 있고 건강에 좋고 판단력을 향상시키는 이름은 그대로 사용하면 된다. 이 기준은 의사나 한의사들이 가장 잘 알고 있다.

건강은 가장 확실하고 분명한 개명 기준이다. 건강하면 일도 열심히 할 수 있으니 운도 좋아질 것이다. 건강 상태를 측정하는 방법은 여러 가지가 있지만 간단한 기준으로 체온, 심장박동, 호흡(의학에서 Vital Sign) 등이 있다. 이런 방법으로 이름의 좋고 나쁨을 확인할 수 있다. 건강에 나쁜 영향을 미치는 이름이 운을 좋게 할 수는 없다.

내 이름으로
성공할 수 있을까?

Chapter 2

2-1 어느 엄마의 개명 상담 사례

상담 사례 1

스마트폰에서 모르는 번호가 뜬다.

삐리리~~~

A: 여보세요.

B: 거기 작명소죠?

A: 그렇습니다(작명소가 아니라 이름검진센터다).

B: 이름을 좀 바꾸려고 하는데요. 거기 꼭 가야 하나요?

A: 오셔서 확인해보시는 것이 좋습니다.

B: 다른 작명소는 그냥 이름을 보내주던데 거기는 왜 꼭 가야 하나요?

A: 이름을 잘 모르면 그냥 드릴 수 있는데 이름을 알면 그냥 드릴 수가 없습니다.

B: 왜 안 가면 안 되나요?

A: 작명소에서 이름을 그냥 보내주고 본인에게 고르라고 하는 것은 이름을 잘 모르기 때문입니다. 그렇게 하면 좋은 이름을 받으실 수 없습니다.

B: 왜 그런가요?

A: 본인이 이름을 고르면 현재 본인의 상태와 비슷한 이름을 고르게 되므로 좋은 이름을 받기 어렵습니다.

B: 왜 그렇게 되나요?

A: 본인에게 부르기 좋고 편안한 이름은 지금 사용하는 이름과 비슷한 이름입니다. 좋은 이름은 나의 나쁜 부분을 치료해주는 에너지가 들어 있어 처음에는 약간 불편하지만 자꾸 불러주다 보면 점점 편하게 느껴지고 시간이 지나 내 몸 상태가 바뀌면서 좋은 이름이라는 것을 알게 됩니다.

B: 작명소와 뭐가 다른가요?

A: 작명소는 그냥 이름을 드리는 곳이지만 여기는 이름의 힘을 이용해 치료해드리는 곳입니다. 작명소에서는 이름이 정말 좋은지 확인해보지 않고 드리지만 그렇게 이름을 드리고 정말 좋은 이름인지 확인해보니 80%가 나쁜 이름이었습니다. 그래서 반드시 확인해보고 이름을 드리고 있습니다.

B: 어떻게 확인하나요?

A: 장비로 측정하면 좋은 이름인지 아닌지 알 수 있습니다.

B: 어떤 장비인가요?

A: 이름을 부를 때 뇌와 심장, 오장육부의 상태까지 측정합니다. 먼저 좋은 이름인지 여부부터 확인하고 좋은 이름이면 그냥 쓰시라고 하고 나쁜 이름이면 바꾸는 것이 좋겠다고 알려드립니다.

B: 거기는 개명은 안 해주나요?

A: 원하시면 해드립니다.

B: 다른 데서는 사주만 보내면 이름을 보내주던데 거기는 그렇게 안 하나요?

A: 사주는 확인해보면 맞지 않아 그것만으로 이름을 지을 수는 없습니다. 같은 시간에 태어나면 같은 운명이라고 말하는데 그렇지 않거든요. 사주는 단순히 몇 시 몇 분에 태어났다는 것일 뿐 거기에 운명이 들어 있진 않아요.

− 사주의 오행

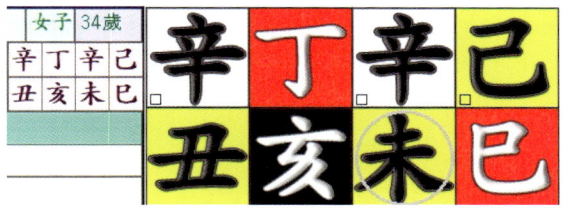

− 실제 오행

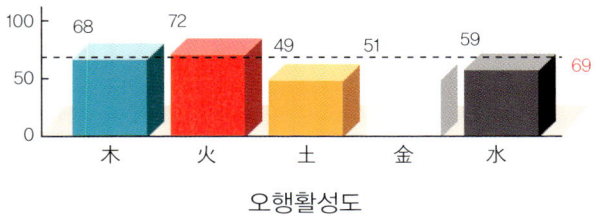

B: 그럼 이름을 어떻게 짓나요?

A: 먼저 오셔서 이름이 내게 어떤 영향을 미치는지 확인해보면 이름을 부를 때 뇌에서 안 좋은 영향을 받는 분도 계시고 심장에서 영향을 받는 분도 계십니다. 이름을 부를 때 뇌와 심장에서 나쁜 영향을 받으면 건강도 나빠지고 운도 풀리지 않습니다.

B: 그걸 어떻게 아나요?

A: 이름을 부를 때 장비로 그분의 몸 상태를 확인해보면 알 수 있습니다.

B: 그걸 무엇으로 확인하나요?

A: 뇌파를 측정하거나 심장박동 상태를 확인합니다.

B: 그게 어떻게 나오나요?

A: 뇌파는 판단력에 영향을 미치는데 나쁜 이름이면 뇌파가 불균형 상태가 되어 판단력이 떨어집니다. 좋은 이름이면 뇌파가 균형 상태를 이루어 판단력이 좋아집니다. 판단력이 좋아지면 자녀들은 성적이 올라가고 성인은 실수를 안 합니다. 성적이 좋아지고 실수를 안 하면 운이 좋아지게 되어 있습니다.

B: 심장에는 어떤 영향을 미치나요?

A: 이름이 나쁘면 심장박동이 불규칙해지거나 약하게 뛰고 이름이 좋으면 규칙적이고 강한 박동으로 바뀝니다.

B: 왜 그런 현상이 생기나요?

A: 우리 몸에는 주파수가 나오는 곳이 세 군데 있는데 뇌와 심장입니다. 뇌에서는 뇌파, 심장에서는 맥파가 나오는데 이것에 가장 큰 영향을 미치는 것이 목소리입니다. 목소리에서 나오는 주파수를 음파라고 합니다.

B: 그걸 어떻게 확인할 수 있나요?

A: 뇌파는 뇌파측정기로 측정하고 심장박동은 심장박동측정기로 확인합니다.

개명 전: 불균형 상태

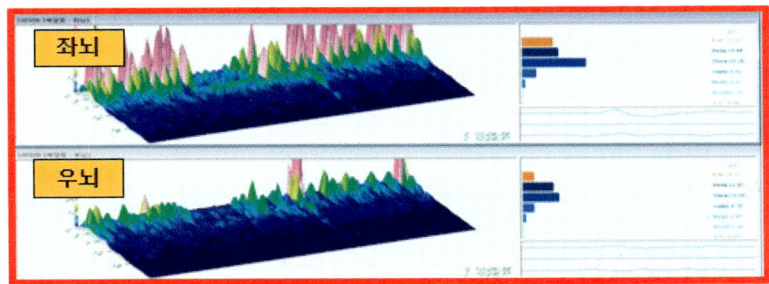

Before
좌안 망막모세혈관 출혈로 인한 시력 저하로 좌우뇌 비대칭 패턴을 보인다.

개명 후: 균형 상태

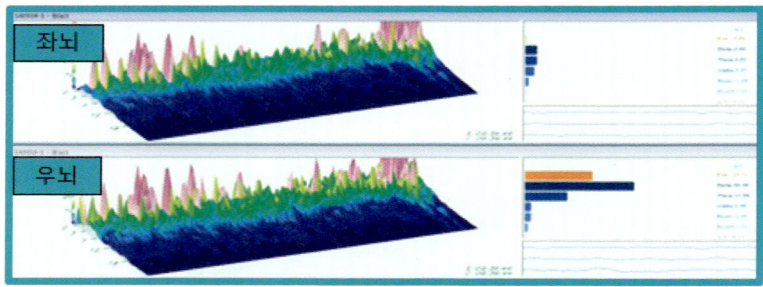

After
좌우뇌가 대칭화를 보여주고 있으며 계속 고무적인 뇌파를 보여주고 있다.

평소 심장박동 상태

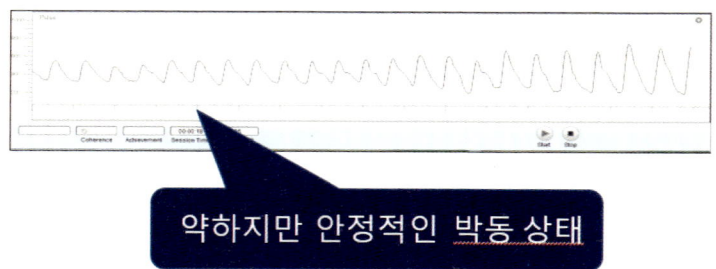

약하지만 안정적인 박동 상태

나쁜 이름을 불렀을 때

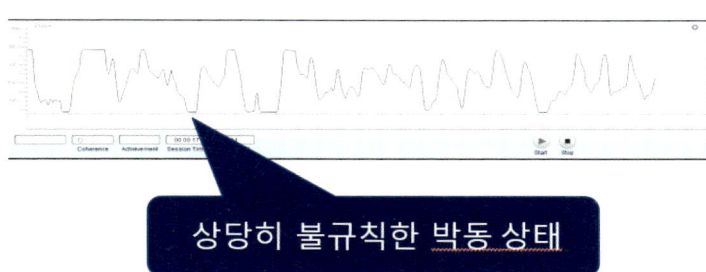

상당히 불규칙한 박동 상태

좋은 이름을 불렀을 때

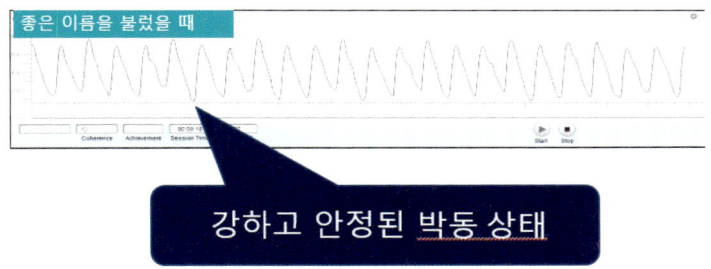

강하고 안정된 박동 상태

B: 다른 작명소에서는 한자만 보내주면 그 이름으로 어떻게 살아간다던데 그런 것도 해주나요?

A: 해드릴 수는 있지만 단지 참고사항일 뿐 반드시 그렇게 살아가는 건 아닙니다.

B: 왜 그런가요? 다른 작명소에서는 이름 획수가 나쁘면 인생을 망친다던데요.

A: 작명가들이 이름을 잘 몰라 그런 말을 하는데 이름 획수에는 그런 내용이 들어 있지 않습니다. 획수는 한자 옥편을 찾을 때 필요한 정도이고 운명은 들어 있지 않습니다.

B: 그럼 작명가들은 왜 그런 말을 하나요? 모두 그렇게 말하던데요.

A: 이름을 깊이 연구해보면 그런 말을 안 합니다. 이름이 뭔지 잘 모르면 어설픈 책을 보고 그런 말을 하는데 한자 획수에는 그런 것이 없습니다.

B: 그걸 어떻게 알 수 있나요?

A: 제가 삼국시대부터 조선 시대까지 우리나라 사람들의 이름을 모두 연구해본 결과, 획수로 어떻게 살아간다는 것은 없었습니다. 그런 말은 일제강점기 일본인 작명가들이 조선인들의 이름을 일본식으로 바꾸기 위해 만든 겁니다.

B: 그런데 작명가들은 왜 획수를 계산해 어떻게 살아간다고 하나요?

A: 원래 그런 이론은 우리나라에 없었습니다. 일제 치하에서 해방된 지 80년이 다 되어 가는데 거의 유일하게 일제의 영향에서 벗어나지 못한 분야가 바로 작명계입니다. 작명가들은 이런 것을 잘 몰라요.

B: 증거가 있나요?

A: 증거가 있습니다. 조선 시대 『승정원일기』 등을 보면 왕실에서 이름을 지을 때 획수나 오행 등 참고한 기록이 없어요. 『승정원일기』는 유네스코(UNESCO) 세계기록유산으로 등재된 문서인데 조선 시대 왕의 비서실에서 일어난 사건을 모두 기록한 일지입니다. 국보로 지정되었다가 세계기록유산으로 지정된 기록이니 이 기록에 없으면 왕실에서는 사주, 획수, 오행 등을 사용하지 않았다는 겁니다. 이 같은 내용은 『동방 한문학』,

『동방 한문학회지』 2021년 제86호에 보면 장유승 교수가 쓴 「조선 왕실의 작명 연구」라는 논문에 있습니다.

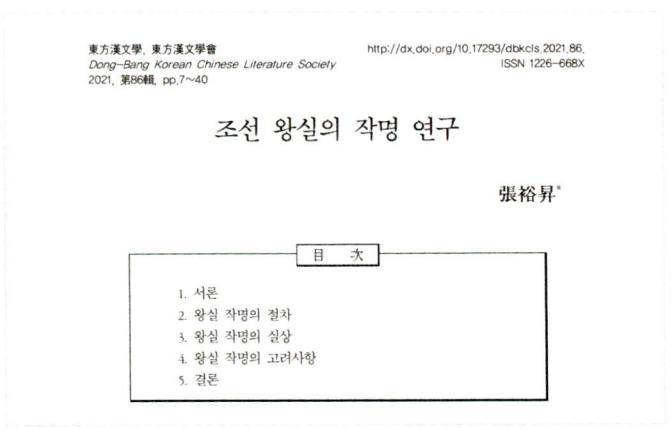

조선 왕실의 작명에서는 현대 작명에서 중시하는 오행, 사주, 획수 등을 전혀 고려하지 않았다. 현대 작명과 조선 왕실의 작명 사이에서는 공통점을 찾아보기 어렵다.

A: 그 논문에 나와 있습니다. 인터넷에서 금방 검색하실 수 있으니 한 번 읽어보세요. 또 하나, 2014년 5월 간행된 『동아시아 문화연구』 제57집에 실린, 김만태 교수가 게재한 「창씨개명 시기에 전파된 일본 성명학의 영향」이라는 논문도 있으니 한 번 읽어보세요. 카톡으로 보내드릴게요.

창씨개명 시기에 전파된 일본 성명학(姓名學)의 영향

김만태*

〈차 례〉

1. 머리말
2. 한국사회의 작명 경향과 작명법
3. 창씨개명 시기 일본 성명학의 전파와 영향
4. 맺음말

　현재 한국에서 가장 광범위하게 활용되는 성명학은 창씨개명 시기에 전파된 일본의 수리(數理) 성명학으로 1920년대 후반 일본 성명학의 시조로 추앙받는 구마사키 겐오(熊﨑健翁)에 의해 창안된 것이다. 당시 일본에서 성행하던 구마사키의 일본식 성명학이 때마침 실시된 일제의 창씨개명 정책에 편승해 조선에 유입되어 "이름이 그 사람의 운명을 결정하는 데 중요한 역할을 한다."라고 대대적으로 알려지면서 사람들의 많은 주목을 받았고 지금까지 성명학의 과장된 운명논리가 존재하고 있다.

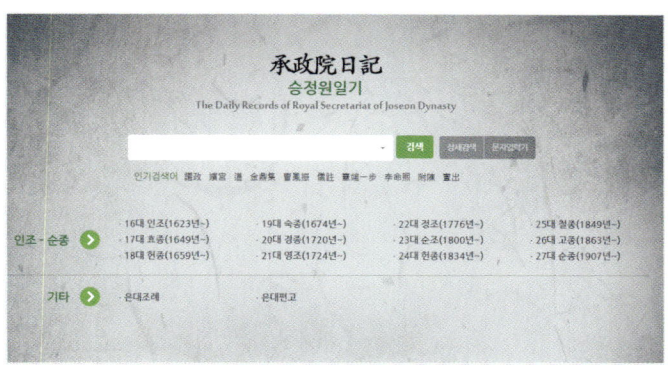

1)

B: 알겠습니다. 한 번 읽어보고 연락드리겠습니다.

상담 사례 2

따르릉~~~

A: 여보세요?

B: 여보세요? 거기 이름 ~~~하는 곳이죠?('작명소'라고 말하기에는 다소 의문이 있는 질문이다)

A: 맞습니다.

B: 전에 알려주신 『조선 왕실의 작명 연구』를 읽어봤는데 조선 시대에는 사주, 획수, 오행으로 이름을 짓지 않았다더군요. 그럼 여기서는 사주나 획수, 자원오행도 안 보고 무엇으로 이름을 짓나요?

---

1) https://sjw.history.go.kr/main.do

A: 몸 상태를 확인하고 이름을 지어드립니다. 이름을 부를 때 기운이 빠지면 기운을 올려주는 이름을 드리고 이름을 부를 때 너무 긴장하면 긴장을 풀어주는 이름을 드립니다.

B: 그걸 어떻게 알 수 있나요?

A: 장비로 확인해보면 알 수 있습니다. 사주가 같다고 운명도 같다는 말은 역술인들만 하는 말입니다. 사실 그렇지 않아요. 동양에는 운명을 알아내는 방법으로 사주, 풍수, 관상이 있고 서양에는 점성술, 타로 등이 있는데 모두 운명을 잘 모르는 사람들이 말하는 것들입니다.

B: 그럼 운명은 어떻게 알 수 있나요?

A: 운명은 너무 복잡해 그렇게 간단히 답이 나오지 않습니다. 사주만 해도 태어난 시간을 말하는 것인데 태어난 시간이 운명을 결정한다면 우리나라에서 같은 시간에 태어난 사람은 모두 같은 운명이라는 것인데 이게 말이 되나요? 같은 시간에 태어났다고 어떻게 같은 운명이 됩니까? 같은 시간에 태어나도 부모, 고향, 학교, 적성, 전공이 다르고 친구, 직장, 훗날 결혼할 배우자나 자녀들까지 모두 다른데 어떻게 같은 운명이 되겠어요? 사주는 확인해보면 실제로 그분의 오행과 맞지 않아 이름의 근거로 삼기 어렵습니다. 자원오행은 작명가들이 뭔가 잘못 알고 있기 때문인데 실제 자원오행은 그것이 아닙니다.

B: 그럼 사주가 안 맞다는 것은 어떻게 알 수 있나요?

A: 사주는 운명론상에서 결정론에 속한 이론인데 작명은 자유의지론 입장이어서 사주와 작명은 별개입니다. 사주와 작명은 정반대 논리이므로 한 명이 할 수 있는 분야가 아닙니다.

B: 대부분의 역술인들이 작명을 하는데 그럼 그건 잘못하는 건가요?

A: 그렇습니다. 사람들이 그것을 잘 몰라 속는데 역술인들에게 물어보면 사주는 태어날 때 이미 결정되어 바꿀 수 없다고 합니다. 그런데 작명하면 운이 바뀐다고 하곤 이름 때문에 얼마나 바뀌었는지는 설명해주지 않고 사주에 부족한 것만 이름으로 채운다고 합니다. 이게 바로 속임수인데 역술인들도 자신이 무슨 말을 하는지 몰라 그런 겁니다. 이름만 바꿔 불러도 오행이 달라지는데 어떻게 태어날 때의 사주가 그대로 있겠어요?

- 평소 오행 - 토와 금이 낮다.

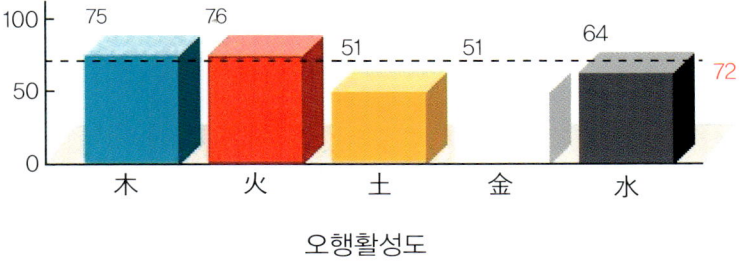

오행활성도

나쁜 이름을 부른 후의 오행 - 전체적으로 에너지가 낮아지는 이름

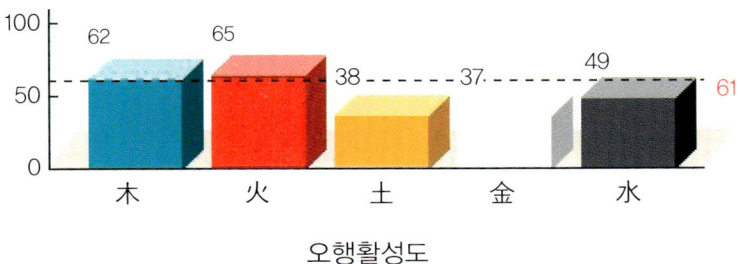

오행활성도

좋은 이름의 오행 - 에너지를 향상시키는 좋은 이름

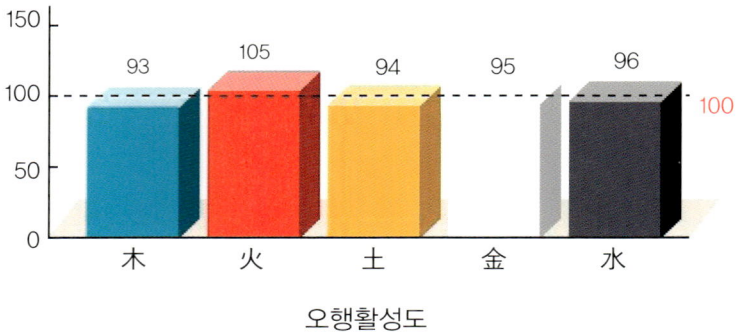

오행활성도

　이름을 부르면 좌측에너지가 저하되는 분이 계시고 우측 에너지가 저하되는 분이 계십니다. 이것은 이름의 영향인데 이름 때문에 원래 오행이 그대로 있지 않고 바뀌므로 우리의 에너지도 달라집니다.

B: 그렇군요. 잘 알겠습니다. 언제 가면 되나요?
A: 2~3일 전에 연락주시면 됩니다.

　많은 작명 고객들이 궁금해하는 내용이다. 요즘은 고객이 궁금해하는 내용을 포스팅한 블로그 글을 알려드리고 있다.

2-2

맘스홀릭 베이비 페어에서 만난 엄마들의 태명 및 아기 이름검진 사례

2023년 1월 5일부터 8일까지 나흘간 코엑스에서 맘스홀릭 베이비 페어가 열렸다. 주로 산전·산후 엄마들에게 필요한, 모든 분야의 제품과 서비스가 전시되는 곳이다.

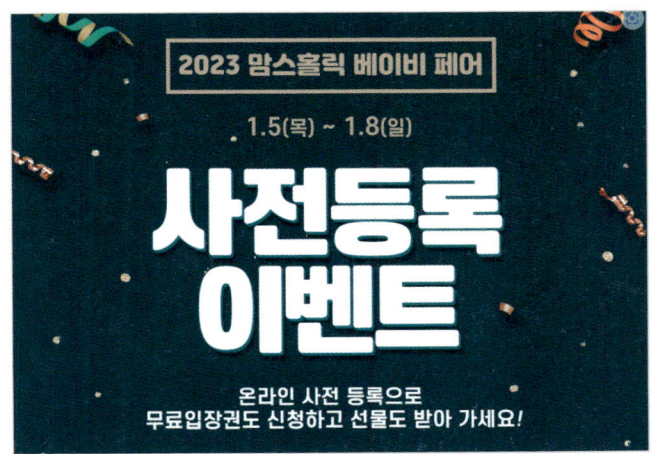

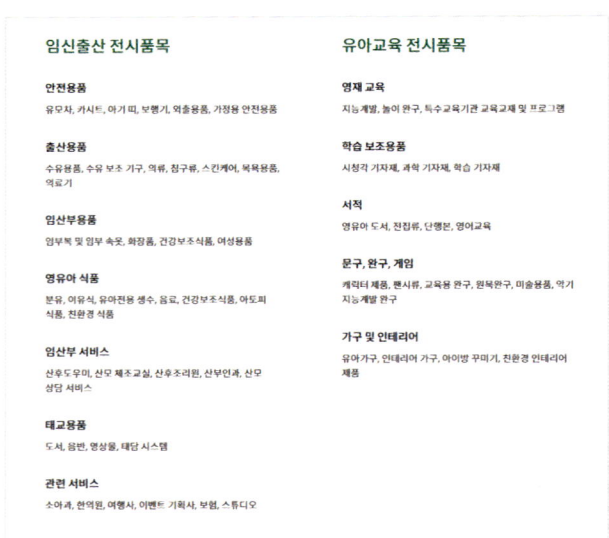

우리는 3-34 부스를 배정받았다. 아기 이름 관련 업체가 전시회에 참가한 것은 처음이라는 주최측 설명을 들었다. 1월 5일 부스에 장비를 설치하고 엄마들의 태명을 측정해드리기 시작했다.

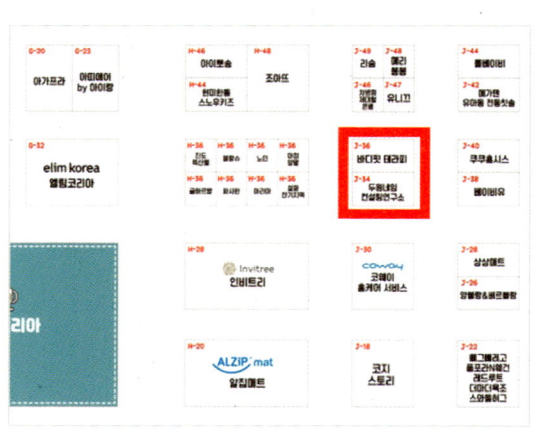

내 이름으로
성공할 수 있을까?

　태명은 아기가 태어나기 전 태아기에 부모가 임시로 붙이는 이름으로 배냇이름이라고 한다. 20세기까지만 해도 출산 전에만 한시적으로 부르는 이름을 정하는 모습은 흔치 않았다. 강희숙 교수에 따르면 태명을 짓는 문화는 2000년대 초 급속히 퍼지기 시작했다. 이미 2012년 어린이집 유아의 76.9%가 태명을 받았다는 사실이 밝혀졌다. 2020년대를 기준으로 임신한 후 태명을 정하지 않은 부모는 거의 없다고 할 만큼 한국 문화의 필수 요소로 정착된 지 오래다. 심지어 이어령 교수는 아예 "한국에서 태명을 전 세계로 보급하고 있다."라며 '태명 한류론'을 주장했다.

일반적으로 쓰이는 이름은 보통 태명으로 잘 정하지 않는다. 자식의 이름을 한자로 짓는 부모가 여전히 압도적 다수인 대한민국에서 유독 태명을 지을 때만은 토박이말을 활용하는 사례가 많다고 한다. 그리고 아들인지 딸인지 확인되지 않은 상태에서 짓는 경우가 많아 대체로 중성적인 이름을 택한다. 특히 건강 관련 단어(건강이, 튼튼이, 쑥쑥이), 부모가 특별히 좋아하는 이미지를 부각하는 명칭(까꿍이, 사랑이, 콩이), 울림이 좋은 순우리말(찬들, 해윤, 또바기)을 태명으로 자주 사용한다. 태몽에서 본 동물이나 사물도 자주 쓰인다. 그밖에 출산예정일이 특정 기념일이나 공휴일인 경우, 해당 기념일이나 공휴일과 관련지어 태명을 짓기도 한다. 새해 첫날이 출산예정일이라면 '신년이', 부처님 오신 날이 출산예정일이라면 '불탄이', '석탄이', 광복절이 출산예정일이라면 '광복이', 개천절이 출산예정일이라면 '개천이', 크리스마스가 출산예정일이라면 '성탄이', '산타', '선물이' 등이다.[2]

이번에 만난 엄마들이 만든 태명은 이름이 인체에 미치는 심각성을 전혀 고려하지 않은, 그냥 귀엽거나 가벼운 단어들이었다.

로미, 떡국이, 양송, 원아, 토둥이, 베리, 당근이, 팥빵이, 깡총이, 꿍냥이, 소중이, 튼튼이, 찹쌀이, 찐빵, 뽀물이, 포포, 쁘이, 어꿍, 띵동이, 복덩이, 꾸옥이, 또별이, 럭키, 콩이, 순진이, 토담이, 샛별, 봄봄이, 둥둥이, 쿠키, 뚜뚜, 감자, 대추, 미코, 엘사, 로운이, 깡총이, 대박이

---

[2] https://namu.wiki/w/%ED%83%9C%EB%AA%85

내 이름으로
성공할 수 있을까? _____

지금까지의 태명은 단지 태명일 뿐 그 이상의 의미는 없었다. 하지만 필자가 이름을 연구하면서 알게 된 태명은 그런 수준의 이름이 아니었다. 태명은 유일하게 임신 중인 아기와 엄마 두 사람에게 큰 영향을 미치는 에너지다. 특히 아기는 한 인간으로 태어나 이 사회의 구성원이 되기 전으로 매우 여린 상태다. 이 같은 상태에서 받는 주파수의 영향은 더 큰 에너지로 아기에게 전달된다. 그래서 태명은 태어나 받는 이름보다 더 중요하며 잘 만들어야 한다.

베이비 페어에서 임신 중기부터 만삭에 가까운 200여 명 이상의 예비엄마들을 만나보며 엄마들에게 이름의 힘을 어떻게 알려줄지 많이 생각해보았다. 지금까지 이름은 역술인들이 사주를 알아야만 짓는 것으로 생각했지만 태명은 사주 없이 만들어야 한다. 역술인 입장에서는 만들 수 없고 임시로 사용하는 이름이므로 중요하지 않다고 생각한다.

아기의 기나긴 인생을 생각하면 금방 지나가는 몇달은 매우 가볍게 생각할 수 있지만 아기에게는 그렇지 않다. 한 명의 인간이 되기 위해 시작하는 매우 중요한 시간이다. 한 명의 인간으로 태어나 100년 동안 이름을 사용해야 한다면 태명은 약 1/100 기간 동안 사용하는 임시 이름이니 누구나 중요하게 생각하지 않았을 것이다. 그러나 성인에게는 어느 정도 에너지를 전달해도 영향을 받기까지 시간이 걸리지만 세포 단위에서 몇 *mm*, 몇 *cm* 크기로 성장해 나가는 과정은 너무나 작고 여리고 외부의 영향에도 취약하다. 이 같은 상태에서 받는 소리에너지의 영향은 아기의 일생에 매우 큰 영향을 미칠 수 있다.

역술인들은 사주가 없는 태아의 이름인 태명을 소중히 여기지 않았고 태아를 가진 엄마들도 잠시 몇 달 동안만 사용하는 임시 이름이라는 생각에 소중함을 몰라서 이름의 사각지대에 묻혀 있었다. 그 태명의 중요성을 아는 필자는 엄마들에게 태명의 중요성을 깊이 인식시켜 주었는데 대부분 아직도 잘 모르는 상태다. 태명을 측정한 사례를 살펴보자.

- 태명을 부르기 전 엄마의 상태 - 상당히 건강하고 좋은 에너지 상태

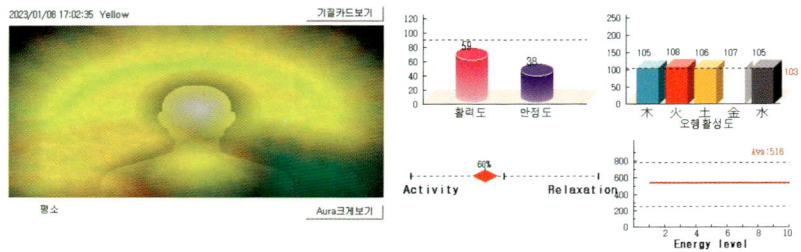

- 태명을 불렀을 때 - 에너지가 거의 절반으로 저하되는 나쁜 태명

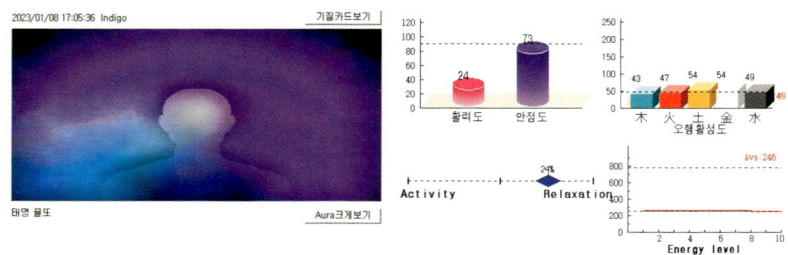

이 태명은 가장 나쁜 태명 중 하나로 엄마의 건강에 상당히 나쁜 영향을 미친다. 엄마의 건강 상태가 나빠지면 태중의 아기에게도 좋지 않다는 것을 엄마들은 생각하지 못한다. 엄마와 태아는 한 몸과 같으므로 엄마와 아기의 건강 상태는 서로에게 직접적인 영향을 미친다. 또 다른 엄마의 사례를 살펴보자.

- 평소 약간 낮은 에너지 상태를 보여준다. 좌우측 오행이 모두 약간 낮은 수준이다.

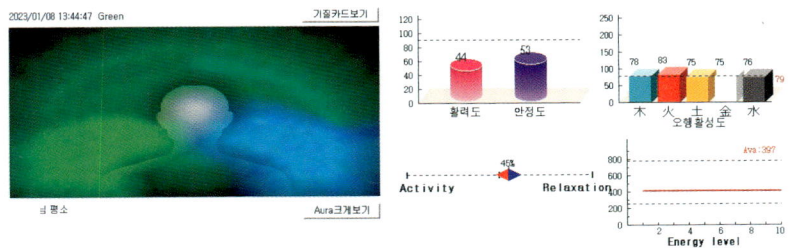

- 태명을 불렀을 때 에너지가 79에서 112로 많이 오른다. 오행 수치도 오른다.

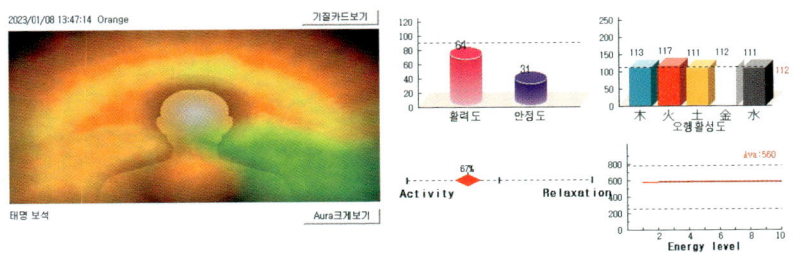

이 같은 태명을 가지면 엄마가 힘이 없을 때 태명을 불러만 주어도 엄마와 아기의 컨디션이 좋아진다. 태명은 임시로 사용하는 이름이 아니라 아기가 엄마 뱃속에서 성장할 때 가장 큰 영향을 받는 소리에너지다. 인간의 형상이 되어가는 기본 틀이 만들어지는 과정에서 큰 역할을 하는 태명에 대한 연구가 부족했던 것은 우리 모두의 무관심 탓이다.

— 이 엄마는 평소 피곤한 상태를 보여준다.

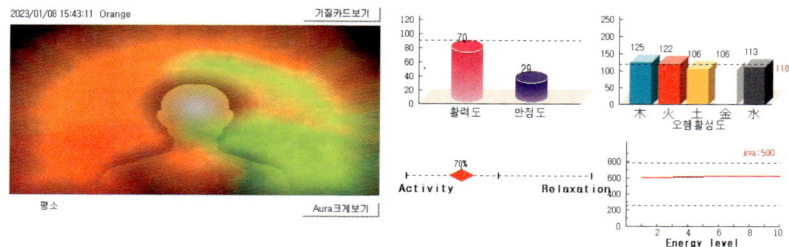

— 이 경우는 엄마의 평소 상태와 태명을 불렀을 때의 상태가 같다. 피로를 풀어주지 못하는 태명이다.

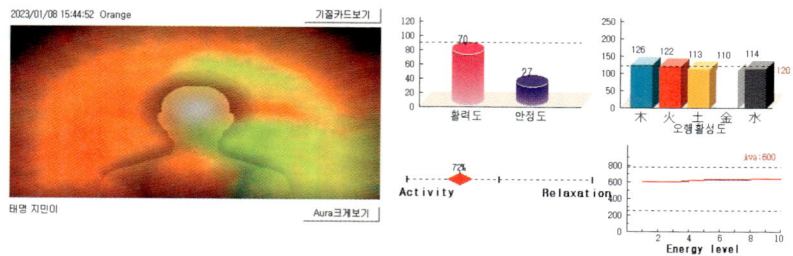

매우 좋은 태명은 어떤 진단 상태일까? 아래 아기의 태명은 매우 좋은 경우다.

− 태명을 부르기 전 − 약간 피곤한 상태

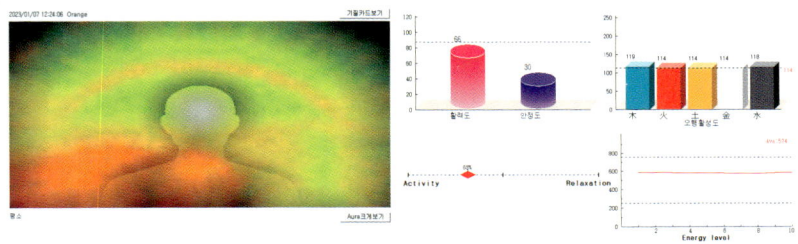

− 하지만 태명을 부르자 엄마의 피로가 사라지고 편안한 상태가 된다.

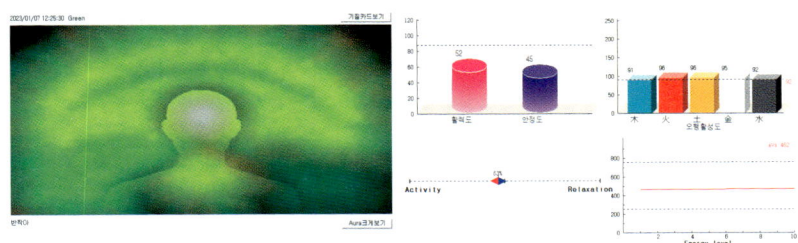

− 엄마가 태명을 부르기 전 피곤한 상태

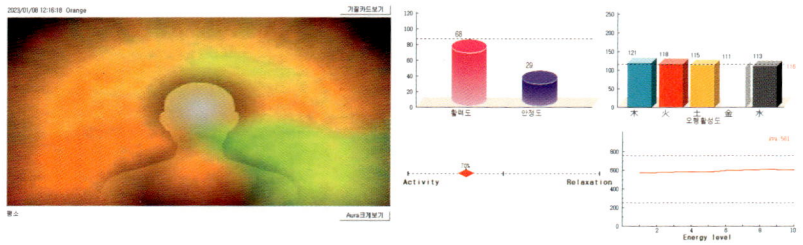

태명을 불렀을 때 피로가 사라지고 편안한 상태가 된다. 좋은 태명이다.

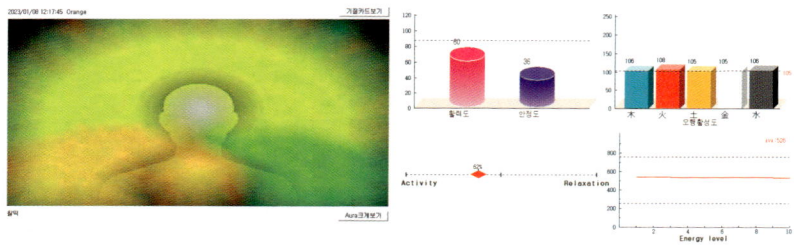

이 태명은 엄마를 매우 많이 도와주는 태명이다. 반면, 아래의 경우는 엄마의 피로도를 높여 힘들게 하는 태명이다.

아래의 태명은 엄마가 태명을 부르기 전후가 동일하게 118이다. 이런 태명은 엄마의 피로를 풀어주지 못하는 나쁜 태명에 속한다.

내 이름으로
성공할 수 있을까?

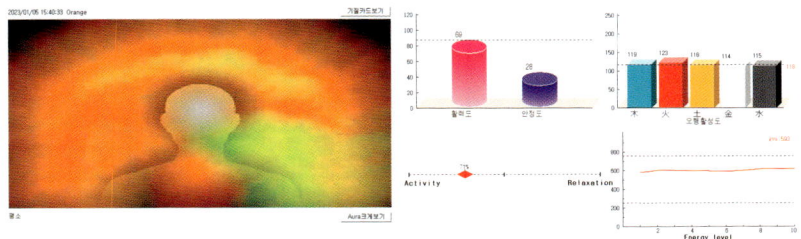

　　태명을 아무도 중시하지 않아 태명이 엄마와 아기에게 얼마나 큰 영향을 미치는지 몰랐지만 이름 연구가 점점 과학화되면서 태명이 엄마에게 미치는 영향을 확인할 수 있게 되었다.

　　태명이 엄마에게 미치는 영향을 몰랐던 시절이라면 그대로 방치하겠지만 이제 태명이 가진 힘을 확인하는 방법이 있으므로 엄마들이 아기의 태명을 결정하기 전 태명 몇 개를 만들어 확인하고 좋은 태명으로 결정하면 임신 후기를 더 힘차게 보내 아기와 엄마의 건강에 도움이 될 것이다.

　　베이비 페어에서 엄마들이 아기가 태어나면 주려고 만든 이름들도 함께 측정하는 시간을 가졌는데 안 좋은 이름인 경우가 많았고 일부는 엄마의 건강 상태를 향상시키는 이름도 있었다. 이름에너지 측정이 가능해진 요즘 더더욱 측정해서 확인해야 할 이름이 되었다.

산모가 아기와 함께 보내는 시간은 임신부터 출산 때까지 280일이다. 이 기간에 산모는 두 명 몫의 에너지를 보충받아야 한다. 태중의 아기가 성장하는 동안 엄마는 아기와 두 명 몫의 에너지에 적응하기 위해 다양한 변화를 겪는다. 갑자기 더 많은 에너지를 공급받아야 하고 평소보다 달라진 체형을 감당해야 하고 지금까지 해온 많은 행동을 자제해야 한다. 엄마와 아기에게 280일은 너무나 길고 중요한 시간이다. 이 기간에 아기의 건강이 위협받으면 태어나서도 건강이 좋지 않을 것이다. 따라서 태명으로 아기를 건강하게 한다면 태어나서도 건강할 확률이 높다.

    이 같은 주의사항들을 잘 지키고 시시각각 바뀌는 각종 변화에 대처하기 위해 엄마는 늘 작은 일에도 주의하면서 다양한 정보를 접하고 수시로 의사들을 만나 검사받으며 생활해야 한다. 이 기간에 엄마를 도와주는 에너지로서의 태명은 아무도 주목하지 않았던, 버려진 영역이자 사각지대였다. 그러나 이 같은 현실은 이름의 효과를 몰랐기 때문이다. 이름의 힘을 안다면 있을 수 없는 일이 지금까지 벌어졌다. 태명의 겉모습만 봐왔을 뿐 태명의 내용이나 효과는 아무도 주시하지 않고 방관해 온 것이다.

    그 같은 현실에서 손해를 본 사람은 산모와 태아들이다. 수많은 태교 서적이 시중에 나와 있고 태교의 중요성에 대한 논의가 있었지만 태명의 힘을 아무도 연구하지 않은 것은 태명에 대해 너무 몰랐기 때문이다. 누군가가 알았다면 태명을 이렇게 사각지대에 방치하지는 않았을 것이기 때문이다.

내 이름으로
성공할 수 있을까? _____

태명을 부를 때 엄마에게 일어나는 반응을 확인해보면 결코 간과하면 안 될 분야임을 금방 알 수 있다. 태명에는 새 생명 탄생이라는 중대한 과업을 위해 엄마들이 겪어야 할 힘겨움을 상당히 덜어줄 에너지가 들어 있고 엄마들의 힘겨움을 가중하는 어려움도 들어 있다.

따라서 태명의 효과를 잘 이용한다면 산모들의 힘겨움을 상당히 덜어줄 수 있고 산모들이 불필요하게 겪어야 할 어려움도 상당히 줄일 수 있다. 태명의 이 같은 기능을 더 확인해서 잘 제공한다면 오늘날 국가적 과제로 떠오른 저출산 문제의 해결에도 조금이나마 도움이 될 것이다. 태명은 더 이상 방치하면 안되는 곳으로 끌어올릴 시점이 되었음을 이번 베이비 페어를 통해 다시 한번 가슴깊이 느꼈다.

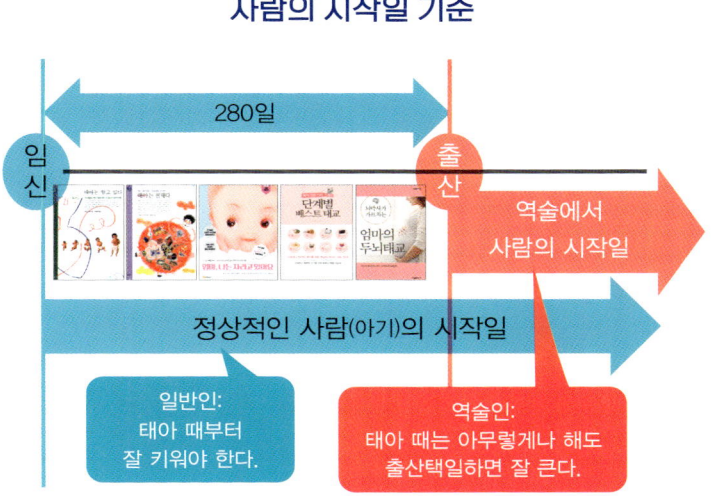

지금까지 엄마들이 살아오면서 들어보지 못한 '이름검진'이라는 방법은 태명은 그냥 어떤 단어로도 만들어 쓰면 되고 좋은 이름은 작명가의 말로만 존재했던 현실에서 이름을 고르는 것이 이렇게 과학적인 방법으로 가능하다는 것으로 앞으로 반드시 해봐야 할 과정이다.

사주가 있어야 이름을 짓는 역술인의 입장에서 태어나지 않은 아기에게 이름을 만들어 준다는 것은 그들의 영역 밖의 일이다. 사주가 없으면 이름을 무엇으로 채워야 할지 기준이 사라지므로 산모가 임신한 280일이라는 기간은 그들과 전혀 무관한 영역이기 때문이다. 따라서 어떤 작명가도 태명 연구를 안 했을 것이고 온전히 작명가들의 접근을 차단한 채 무관심의 영역으로 남아 있었다. 하지만 태명의 에너지 측면을 연구하지 않은 것은 우리 모두의 책임이다.

에너지 관련 그 많은 연구도 인류의 절반을 차지하는 여성들이 하늘의 위임을 받아 행하는 생명 탄생 과정에서 가장 소중한 힘을 지금까지 알아내지 못했다. 건강에 나쁜 이름이 운을 좋게 할 수는 없다. 지금부터라도 이름검진을 통해 태명의 힘으로 산모와 태아를 보호한다면 큰 도움이 될 것이다. 두원네임컨설팅 이름검진센터에서는 태명의 영향을 측정해드리고 있다. ☎ 1899-8070

내 이름으로
성공할 수 있을까? _____

2-3
아기 이름이 나쁘면 엄마가 아픈 이유를 어떻게 알았을까?

인간은 태어나 독립적인 생활을 할 때까지 상당한 시간이 걸린다. 우리는 유아기, 초등학교, 중학교, 고등학교, 대학을 졸업할 때까지 사실상 종속적인 생활을 한다. 유아기에는 의·식·주의 모든 부분을 부모 등에게 의존하다가 점점 독립적인 생활을 하게 된다.

아기가 태어나자마자 엄마의 존재는 절대적이다. 아기의 의·식·주를 모두 엄마에게 의존한다. 그 후 부분적으로 독립적인 생활로 변해가지만 대학 졸업 후 취업하고 나서야 독립적인 생활이 가능하다. 하지만 인간으로서 사회생활을 하는 동안 완전히 독립적인 생활은 불가능하다.

　산속에서 혼자 생활하더라도 외부의 도움없이는 도저히 생활할 수 없다. 성인으로 독자적인 생활을 할 때까지 모든 기반은 부모의 영향권에서 만들어지지만 대부분 엄마의 영향으로 만들어진다. 엄마의 존재는 모든 생물에게 절대적이지만 특히 인간에게는 더 절대적이다. 그런 엄마가 아기의 이름으로부터 받는 영향은 어떨까? 엄마의 건강 상태가 나빠질 수 있는 조건 중 아기 이름의 영향이 가장 크다.

　지금까지 아기가 생존하는 데 가장 절대적인 존재가 엄마라는 것은 지극히 상식이지만 엄마의 건강이 아기 이름의 영향을 받는다는 사실은 알려진 바 없다. 이 같은 사실을 간단한 실험으로 알게 되었다. 어떤 역술인이나 작명가도 시도하지 않았던 실험, 그것은 매우 단순하다. 개명을 많이 하는 고객의 연령대 통계를 분석한 결과, 젊은 연령대보다

40~60대가 높았다. 이 같은 분석은 개명하기 위해 방문한 고객의 연령대 분석에서도 확인되었지만 블로그 글을 조회한 고객의 연령대별 분석에서도 확인되었다.

2년간 개명하신 분들의 연령대 분포

구분	2020~2022	인원	생체에너지	심장박동	에너지장	비고
신생아	출생 전	29	29	14	14	
0~10세	2014~2023	14	14	5	5	
11~20	2004~2013	28	28	17	17	
21~30	1994~2003	44	44	32	32	
31~40	1984~1993	130	130	54	54	
41~50	1974~1983	140	140	67	67	
51~60	1964~1973	150	150	47	47	
61~70	1954~1963	103	103	48	48	
71~80	1944~1953	19	19	12	12	
81~90	1934~1943	0	0	0	0	
계		657	657	296	296	

2022년 블로그 조회 성별 · 연령별 통계

2021년 블로그 조회 성별 · 연령별 통계

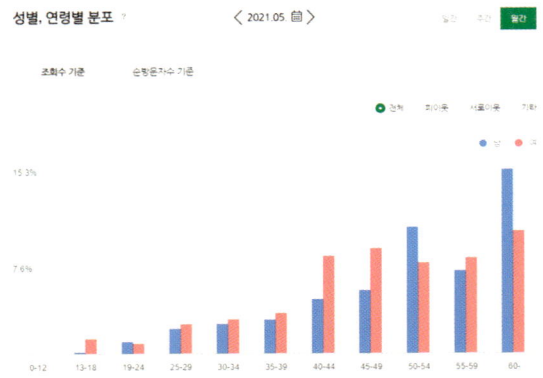

고객의 연령별 통계를 분석하고 나서 이름이 필요한 분들에게 이름을 드릴 방법을 연구하기 시작했다. 우리가 살아가면서 이름만으로 불리는 연령대는 20세 전후까지다.

20세 이전 - 이름을 많이 부르는 시기

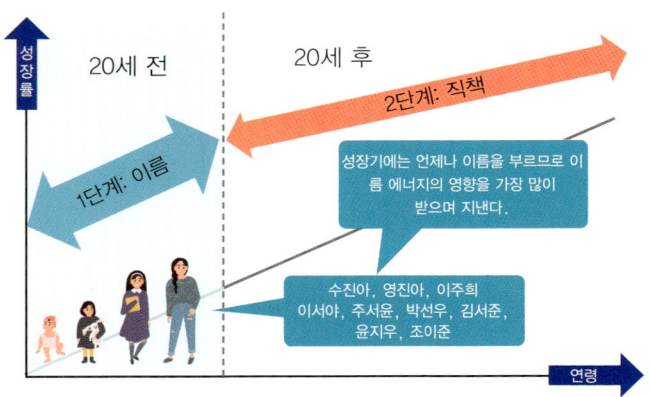

내 이름으로
성공할 수 있을까?

군에 입대하면 계급으로 불린다. 김 일병, 박 상병, 이 병장, 조 소위, 양 대위 등의 계급이나 소대장님, 중대장님, 사단장님 등의 직책으로 불린다. 여성들은 취업하면 허 대리, 오 부장, 유 선임 등의 직책으로 불린다. 20세를 넘어가면서 이름을 부르는 비율이 급속히 줄어든다.

20세 이후 – 이름을 거의 부르지 않는 시기

성장률

20세 전

20세 후

2단계: 호칭, 계급, 직책

1단계: 이름

엄마, 아빠, 이모, 어머니
아버지, 할머니, 고모
이모, 삼촌, 할아버지
숙부님, 숙모님, 어머님

김 일병, 김 병장, 김 중사
김 대위, 김 소령, 장군님
소대장님, 중대장님

김 대리, 박 부장, 이 차장
팀장님, 조장님, 부장님
고 사장, 진 이사, 최 전무
사장님, 회장님, 고문님

이름을 거의 사용하지 않고 직책으로 부르므로 개명해도 이름의 힘을 잘 받지 못한다.

연령

이름은 불러줄 때 그 소리와 글자의 영향으로 내 에너지를 변화시키는 것인데 부르지 않는다면 그 영향을 받을 수 없다. 원래 이름과 새 이름의 영향이 달라질 수 없다면 왜 굳이 이름을 바꾸어야 할까? 이름을 바꾸고도 바꾼 이름의 영향을 받지 않는다면 개명의 의미가 없다.

지금까지 어느 작명가도 이 문제를 고민해보지 않았다. 이름을 불러주지 않으면 이름을 바꾸고도 원래 이름의 에너지로 살아가는 것이다. 이 같은 사실을 작명가들이 생각해보지 않았고 모른다는 것은 정말 심각한 문제다. 원래 이름이 나빠 좋은 이름으로 바꾸어 좋은 영향을 받게 해준다는 작명가들이 이름의 영향을 몰랐다는 것은 그들로부터 고객들이 아무리 좋은 이름을 받더라도 그 영향을 받지 못했다는 것이다. 아무리 좋은 보약도 먹지 않으면 소용 없다. 이름도 보약과 같아 체질이 바뀔 때까지 자주 불러주고 그 소리를 들어야 한다. 하지만 아무도 불러주지 않는 나이에 불러주지 않는 이름을 받아 어떻게 운이 바뀐다는 것인가? 이 질문에 정확히 대답할 수 있는 작명가는 없다.

이름의 힘이 글자에서 나온다고 하면서 이름을 지어준다면 그 글자의 힘을 사용하는 방법도 고객에게 제시해야 한다. 하지만 아무리 유명한 작명가도 이것을 모른다. 이름만 주는 것으로 끝인 작명가가 대부분이고 일부는 녹음기에 녹음해 들어보라고 하기까지 한다.

이름을 부르거나 들을 기회가 거의 없는 분들이 이름의 힘을 느끼도록 MP3에 녹음해 들려주면서 이름의 힘을 확인해보았다. 본인이 부르면 효과가 있었지만 MP3는 효과가 낮았다.

본인 육성: MP3 음

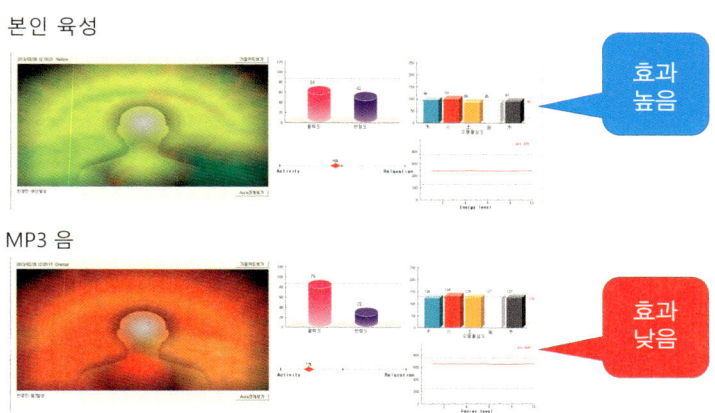

다음은 카세트 녹음기로 녹음한 이름을 들려주고 효과를 측정해보았다. 역시 본인이 부를 때는 효과가 높았지만 녹음기로 들려주면 효과가 낮았다.

본인 육성: 카세트 녹음기 음

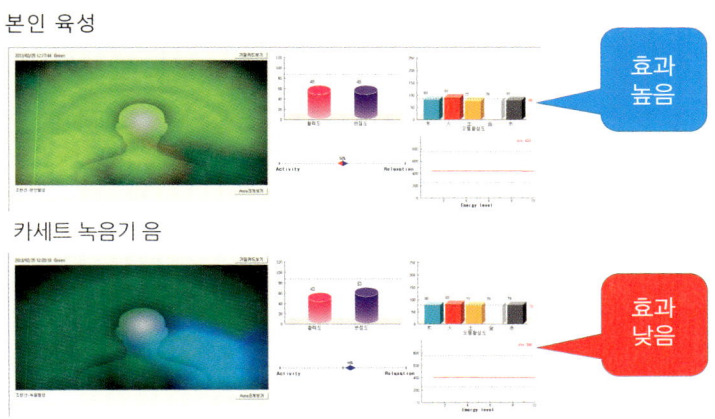

이 같은 이유를 분석한 결과, MP3나 녹음기 소리는 사람이 부르는 소리와 달랐다.

여러 대의 녹음기로 들려줄 경우

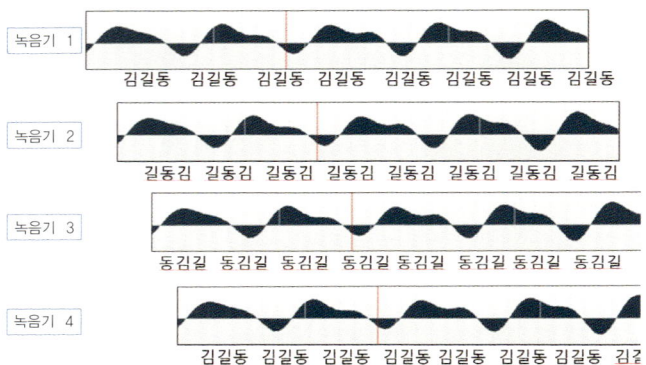

목소리의 파형과 녹음기 소리의 파형

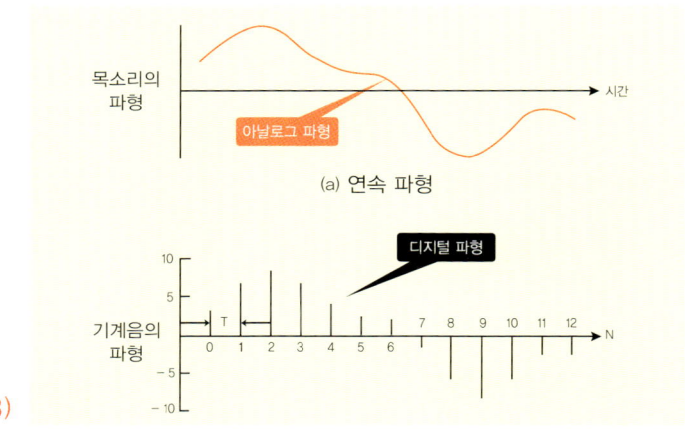

3) http://www.aistudy.co.kr/linguistics/speech/digital_denes.htm

자연산 쇠고기와 인공적인 쇠고기는 맛은 비슷할지 몰라도 내용은 다르다. 이 같은 차이가 소리에도 존재한다는 것을 생각하지 않은 수준에서는 기계를 통해서 불리는 이름이 인체에 어떤 영향을 미치는지 알 수 없다.

스피커와 육성의 에너지 차이

- 기계에서 나는 소리 → 생기 없음
- 사람 목소리 → 생기 있음

이름을 녹음한 녹음기 여러 대를 켜놓으라고 말하는 작명가는 그렇게 했을 때의 차이를 모른다. 인간의 목소리가 가장 효과가 있다면 타인이 불러주는 경우는 어떤지 알아보았다.

본인 호명 시 / 타인 호명 시

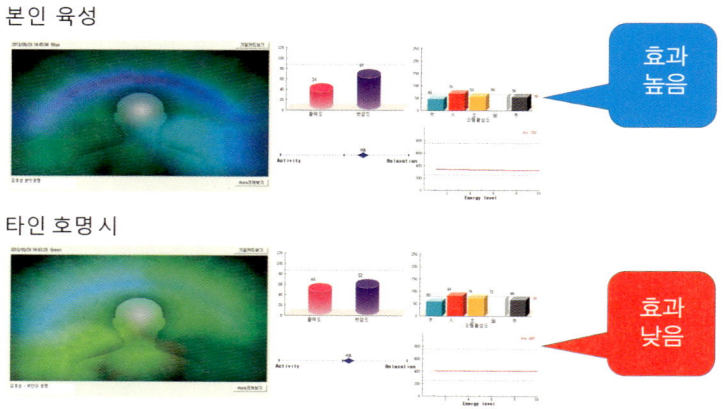

본인 육성

타인 호명 시

효과 높음

효과 낮음

타인이 불러주는 것도 본인이 부를 때에 비하면 효과가 낮았다. 이 같은 결과가 생기는 것은 소리의 힘이 거리가 멀수록 낮아지기 때문이라는 것을 알 수 있었다.

소리의 강도는 거리에 반비례

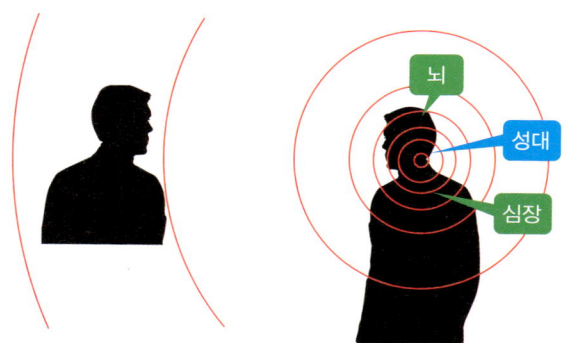

내 이름으로
성공할 수 있을까?

결국 가장 효과적인 방법은 본인이 부르는 것이었다. 본인이 부를 때 목소리 에너지가 발생하는 성대에서 본인의 뇌와 심장이 가장 가까우므로 본인에게 가장 강력한 에너지가 전달되어 이름을 부르는 본인이 가장 큰 영향을 받는 것이다.

> — 이름은 타인이 부르는 것보다 본인이 부를 때 에너지가 20배다.
> — 개명하지 않더라도 내게 맞는 이름을 스스로 불러 좋은 에너지를 받아라.
> — 아무리 좋은 이름도 불러주지 않으면 무용지물이다.
>
> 2016년 「황금알」 방영 내용

스스로 자기 이름을 부르는 경우는 의외로 많다. 특히 군복무중에는 자기 이름을 큰 소리로 부르는 경우가 많아 이름의 영향을 가장 많이 받는다. 여기까지 연구해보니 아기 이름을 가장 많이 부르는 사람은 엄마였다. 아기 이름이 엄마에게 좋은 영향을 미치지 않으면 엄마의 건강에 나쁜 영향을 미칠 수 있을 것 같았다. 그래서 엄마들이 아기 이름을 부를 때 엄마에게 나타나는 반응을 확인해보았다.

엄마가 불러보면 엄마의 건강에 좋은 영향을 미치는 아기 이름이 있었다. 엄마를 편안하게 안정시키고 에너지를 높여주는 이름이다.

오라컴(FDA인증 장비)의 좋은 이름 판단 기준

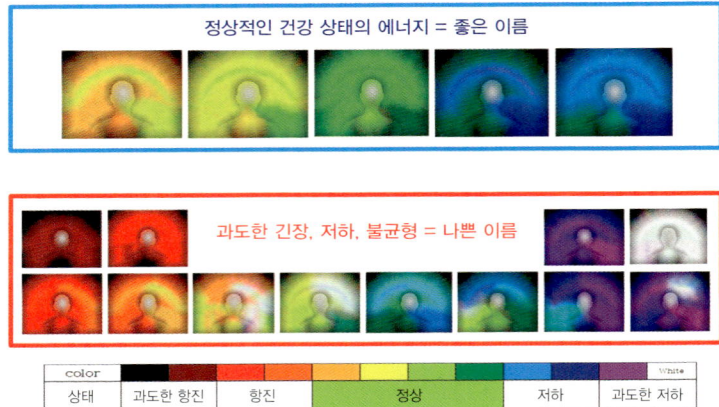

아래 이미지를 이 그림과 비교해보면 알 수 있다.

엄마가 불러주면 건강이 좋아지는 아기 이름

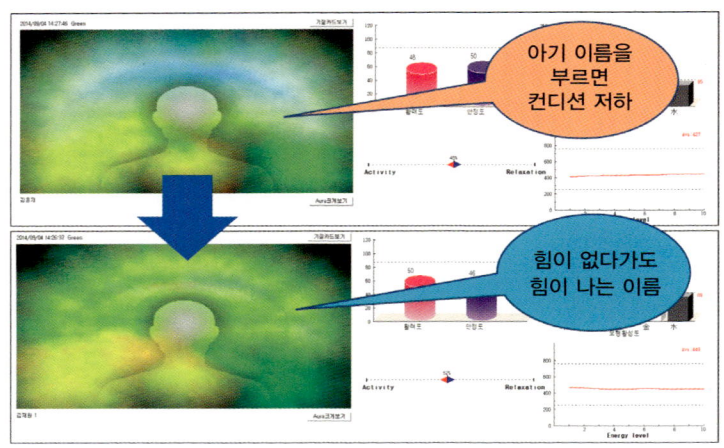

내 이름으로
성공할 수 있을까?

엄마가 불러주면 건강이 좋아지는 아기 이름

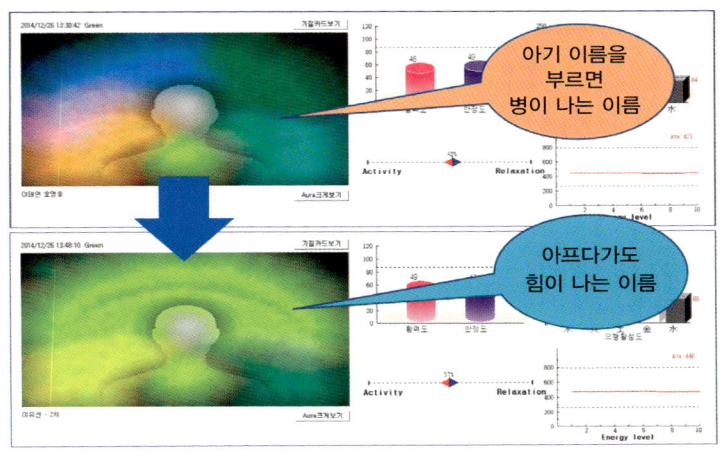

　이와 반대로 엄마가 아기 이름을 부르면 엄마의 에너지가 불균형이 되거나 낮아지면 엄마의 건강에 나쁜 영향을 미치는 이름이 된다. 이 같은 이름을 지으면 엄마가 아기 이름을 부를 때마다 건강 상태가 점점 나빠진다.

엄마가 부르면 건강이 나빠지는 아기 이름

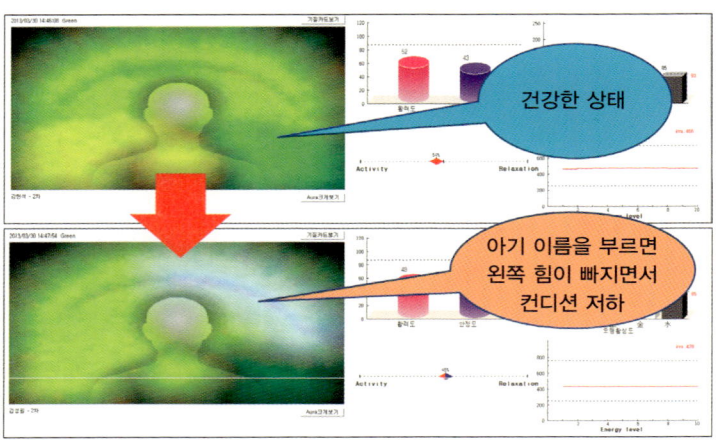

엄마가 부르면 체력이 저하되는 아기 이름

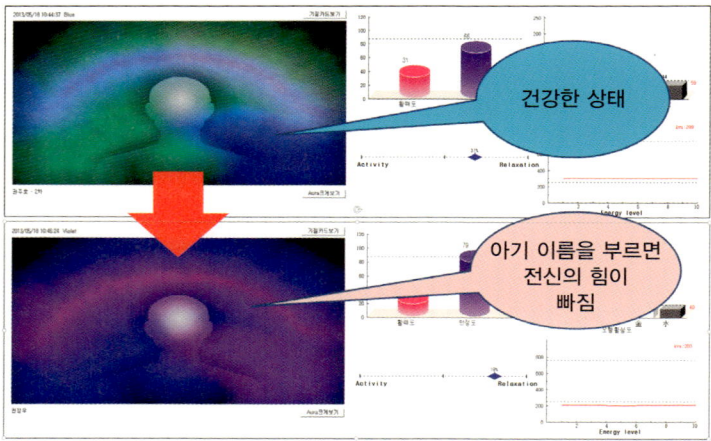

이같이 이름은 가까운 곳에서는 큰 영향을 미치고 거리가 멀어지면 영향이 줄어든다. 이름을 알기 위해서는 먼저 인체를 알아야 하고 이후 우리 목소리를 필수적으로 알아야 하며 그 소리를 들었을 때의 과학적 반응에 대한 연구가 이루어져야 한다. 하지만 작명가들이 아는 것은 한자의 영동력(귀신의 힘)을 사용해 운을 바꾼다는 말뿐이다. 그러나 이름의 힘은 대부분 소리에 있고 글자의 힘이 미약하다는 것은 실험해보지 않으면 알 수 없다. 과학적, 의학적 지식이 없는 작명이 위험한 이유다. 이름은 동양철학의 범위 안에 있지 않고 물리학의 영역에 있다.

지금까지 우리는 작명을 동양철학의 일부로 생각해왔지만 동양철학이 과학의 범주에 영원히 들어갈 수 없는 것은 수학적이지 않기 때문이다. 수학적이지 않으면 미신의 영역에서 영원히 벗어날 수 없다. 과학적이지 않은 방법으로 이름을 만든다면 그 이름이 우리에게 좋은 영향을 미치는지 여부도 확인할 수 없다.

아기 이름의 에너지가 가장 큰 영향을 미치는 사람이 엄마라는 사실은 과학적 검증을 하지 않고선 확인할 수 없다. 이 같은 영향이 확인되지 않았다면 작명가들의 말에 영원히 휘둘려 내게 안 맞는 이름을 좋은 이름으로 알고 살아가야 했을 것이다. 아기 이름을 부를 때마다 엄마의 건강이 나빠진다면 그 엄마는 산후 회복 속도도 느리고 모유의 양도 줄어 아기의 성장에 부정적 영향을 미칠 것이다.

아기가 태어나는 시간은 상대적이지만 엄마의 영향은 절대적이다. 상대적인 것과 절대적인 것 중 어느 것이 더 중요할까? 보이지 않는 시간과 명백히 보이는 엄마의 역할 중 어느 것이 더 중요할까?

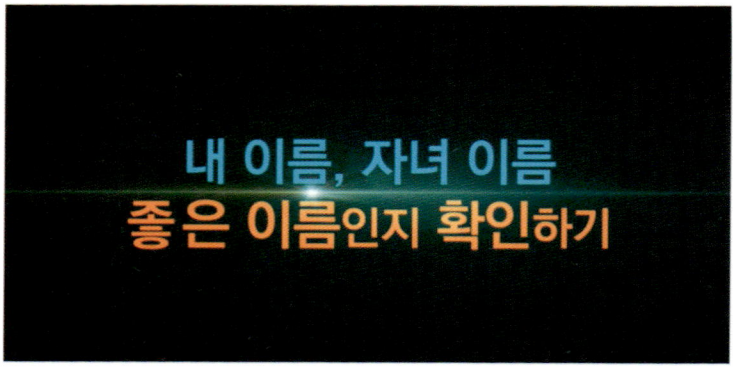

4)

---

4) https://www.youtube.com/watch?v=HmeuHgGrqv4&t=397s

2-4
이름에 대한 엄마들의 가장 큰 고민은 무엇일까?

300만 명의 엄마들이 가입해 다양한 정보를 주고받는 맘스홀릭 카페에 들어가보면 엄마들이 아기 이름을 지을 때 어떤 점을 가장 고민하는지 알 수 있다. 작명소에서 이름을 받거나 엄마 아빠가 이름을 짓기도 하지만 3~5개 지어 놓은 이름 중 어느 것이 가장 좋은지 알 수 없다는 것이다. 아기에게 정말 좋은 이름을 주고 싶은데 내가 결정한 이름이 아기에게 과연 최선의 이름일까? 최선의 이름이 아니라면 중간에 다시 이름을 바꾸어야 할지도 모른다. 이름은 평생 함께 가는 것으로 생각해 만들어주는 것인데 우리 아기에게 건강하고 행운을 주는 이름을 고르는 방법은 없을까? 나뿐만 아니라 다른 엄마들도 이런 고민을 많이 하지만 이름치료사 외에는 아무도 뚜렷한 해답을 찾지 못하고 있다.

사주에 맞는 이름이 좋은 이름이라면 이렇게 고민할 필요가 없을 것이다. 사주에만 맞추면 좋은 이름이니 그냥 한 개만 주어도 되지 않을까? 그럼 이런 고민을 안 해도 될 텐데 작명소에서는 보통 이름 몇 개를 주고 다 좋은 이름이니 그중에서 아무거나 골라 써도 된다고 말한다.

내 이름으로 성공할 수 있을까?

제목	작성자	작성일	조회
53293690	멸었지만 아기 이름, 부모가 지으시죠? [23]	허버피	2020.12.04.	1,631
53291393	아기 이름 두개중에 골라주세요 ㅠㅠ [8]	sharry	2020.12.04.	109
53290176	아기이름때문에 싸웠어요 ㅠㅠ [37]	로매한이쁜니	2020.12.04.	1,086
53282667	[30대] 남자아기 이름 골라주세요.^^ [14]	알레나2	2020.12.04.	188
53280928	[100%] 중간에 유 자들어가는 남자아기이름 추천부탁드려요 [7]	아링창칭	2020.12.04.	160
53278200	아기 이름 투표부탁 드려용~!!^^ [11]	해로영	2020.12.03.	207
53274349	남자 아기 이름 추천해주세요...ㅠㅠㅠㅠㅠ조성조합! [11]	운동22	2020.12.03.	220
53272823	박씨 여자 아기 이름 골라주세요.^^ [12]	꿀복스맘	2020.12.03.	119
53269006	남자 아기 이름 추천	메리나	2020.12.03.	182
53265521	여자 아기 이름 투표부탁드려요 ^^ [5]	네코마오	2020.12.03.	274
53265030	흔혈 여자아기 이름 투표 [4]	망뽕망뽕망	2020.12.03.	504
53265014	아기이름 어떻게 지으셨나요? [17]	lllllllllllllllll	2020.12.03.	847
53263657	울째 남자아기 이름 지어주세요(윤씨) [37]	unionsbebe	2020.12.02.	378
53263562	남자 아기 이름 투표해주세용ㅠㅠ [2]	LEE채EUN	2020.12.02.	246
53259315	한씨남자아기이름 추천좀해주세요~ [4]	똥뚱이몰	2020.12.02.	97

1 2 3 4 5 6 7 8 9 10 다음 >

엄마들의 이런 고민을 해결할 책임자는 누구일까? 엄마들이 원하는 정말 좋은 이름을 고르는 방법은 무엇일까?

자동차가 고장나면 AS센터에서 해결해준다. 음식 고민은 식당에서 해결해주고 옷 고민은 옷가게에서 해결해준다. 이름 고민은 작명소가 해결해주어야 하지만 이 문제가 작명소에서 해결되지 않아 엄마들끼리 고민하는 것이다. 하지만 그런다고 뾰족한 해결책이 나올까? 어떤 문제든 문제의 본질을 알면 해답의 실마리를 찾을 수 있다.

아기의 건강과 행운은 어디서 시작될까? 아기의 건강은 어려서 스스로 아무것도 할 수 없을 때 잘 챙겨주어야 한다. 이때 아기에게 가장 잘 해줄 수 있는 사람은 엄마다. 모든 엄마가 아기에게 최선을 다한다.

우리 모두의 생존 조건은 의·식·주다. 의·식·주를 잘 해결하면 잘 살고 해결하지 못하면 어렵게 살아갈 수밖에 없다. 아기 옷은 엄마가 잘 준비해 갈아 입혀주면 된다. 기저귀도 필요할 때 갈아주고 이불도 편안한 것으로 덮어주면 된다. 아기의 식생활에서 가장 소중한 것은 엄마의 모유다. 모유가 부족하면 우유나 보충할 다른 먹거리가 있어도 엄마가 챙겨주어야 한다. 아기는 엄마와 함께 기거하는데 대부분 아기가 가장 편안한 곳으로 정해 생활하므로 불편이 최소화되어 있다.

　이 같은 아기의 생활을 되돌아보면 모든 것을 엄마에게 의지한다. 유아기의 아기에게 가장 절대적인 영향은 엄마로부터 주어진다. 생존의 필수조건을 제공하는 엄마의 존재는 아기의 모든 것을 좌우한다. 엄마의 자궁에서는 벗어났지만 실제로는 엄마에게서 몸만 벗어났을 뿐 모든 것은 여전히 엄마의 영향권에 있다. 유아기의 대부분을 그 같은 조건에서 생활한다. 그렇다면 아기에게 엄마는 어떤 존재일까?

　자고 싶어도 안 자고, 쉬고 싶어도 안 쉬고, 모든 것을 아기의 생활주기에 맞추어 생활해야 하는 엄마. 요즘은 다양한 유아용 식재료가 개발·보급되어 엄마의 모유가 없어도 아기가 생존할 수 있지만 수십 년 전만 해도 모유를 대신할 식품이 없어 유모가 엄마 대신 모유를 제공했다.

내 이름으로
성공할 수 있을까? _____

　이렇게 절대적인 엄마의 건강이 아기 이름 때문에 위협을 받는다면 어떻게 생각해야 할까? 엄마들은 자신이 어떤 희생을 하더라도 아기를 잘 키우고 싶어 한다. 심지어 목숨을 바쳐서라도 자식을 구하려는 것이 모성애다. 모성애는 이성적이라기보다 본능적이어서 위험한 순간 자신도 모르게 발휘되기도 한다. 그래서 이 세상에서 가장 소중한 것을 들 때 모성애가 빠지지 않는다. 이렇게 아기에게 물심양면으로 최선을 다해 희생하는 엄마의 존재는 아기의 운과 어떤 연결고리가 있을까?

　엄마의 존재를 빼고 아기의 행운을 설명할 수 있을까? 아기에게 가장 큰 행운은 엄마라는 존재다. 엄마의 존재 여부는 아기에게 너무나 중요하다. 그렇다면 아기 이름은 엄마에게 나빠도 될까?

아기 이름이 엄마의 건강에 미치는 영향을 지금까지 어떤 작명가도 확인하지 않았다. 아기의 행운은 엄마의 건강과 별개인 것으로 생각했다. 하지만 엄마의 건강이 나빠지면 아기의 건강이 좋아질 수 있을까? 아기의 건강이 나빠지면 어릴 때 부실한 관리로 질병을 달고 살다가도 성인이 되어 건강하게 사회생활을 잘 해낼 수 있을까? 어릴 때 건강 상태가 나빴는데 공부는 잘할 수 있을까? 건강한 신체에 건강한 마음이 깃든다.

유아기를 건강한 엄마와 편안하게 잘 보낸 아기와 유아기를 엄마 없이, 또는 모유 수유는 물론 기저귀를 갈아주는 것도 어려운 아픈 엄마와 생활한 아기의 성격에는 차이가 없을까? 아기에 대한 엄마의 절대성을 감안하면 아기에게 가장 중요한 존재는 엄마다. 그런데 엄마의 건강에 큰 영향을 미치는 요인 중 하나가 아기 이름이라면 어떻게 해야 할까?

필자가 실험한 결과, 아기 이름을 부를 때 엄마의 건강 상태가 나빠지기도 하고 좋아지기도 했다. 엄마의 건강 상태는 장기적으로 아기의 건강과 미래에 큰 영향을 미친다. 어쩌면 평생의 조건이 이때 결정된다고 할 수 있다. 따라서 아기 이름을 정할 때 엄마의 건강에 좋은 이름인지 고려하는 것은 너무나 중요하다. 엄마가 아기 이름을 부를 때 건강해진다면 모유 수유도 잘되고 산후 회복에도 도움이 될 것이다. 아기에게 절대자인 엄마, 하늘을 대신해 아기의 생명을 온전히 보전해주는 엄마를 건강하고 힘차게 해주는 아기 이름은 엄마와 아기의 심장박동의 공명을 통해 서로 영향을 주고받는다.

　이 같은 영향은 아기의 뇌세포 발달에도 영향을 미친다. 아기가 편안한 상태로 성장할 때의 뇌세포 발달과 아기가 불안한 상태로 성장할 때의 뇌세포 발달에는 차이가 있다. 안정적일 때는 뇌세포도 안정적으로 발달하지만 그렇지 않을 때는 뇌세포도 불안한 상태로 성장한다. 이 같은 결과는 성인이 되어서도 정서가 불안하게 될 확률을 높일 것이다.

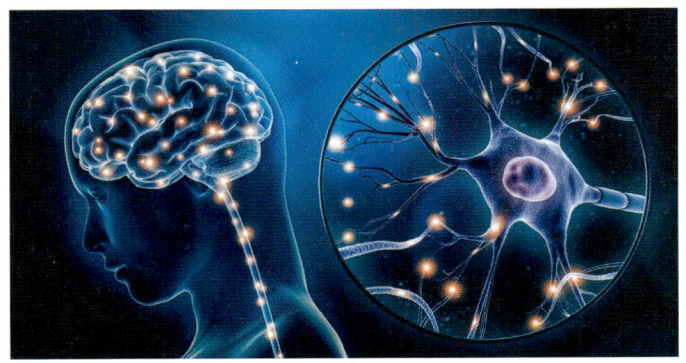

2-5 아기 이름의 기준은 사주일까, 엄마일까?

이름의 기준은 사주일까, 풍수일까, 관상일까? 대부분 사주에 부족한 것을 이름으로 채운다는 말을 사실로 생각하지만 이것은 역술인들의 말이다. 시간(사주)은 흘러가면서 오행이 계속 바뀌지만 집터나 묫자리(풍수)는 변하지 않는다. 관상도 성형수술 전까지는 기본적인 틀이 변하지 않는다. 변하는 것과 변하지 않는 것 중 어느 것이 더 강한 영향을 미칠까?

풍수와 관상에도 남는 것과 부족한 것이 있다. 과거 동양에서 운명을 설명한 논리는 모두 단편적이고 종합적이지 않다. 사주이론이 언제 만들어져 어떻게 변했는지를 안다면 명리학이라는 이론으로 운명을 안다고 감히 말할 수 없다. 이렇게 허술하기 짝이 없는 이론으로 복잡하기 그지없는 운명을 설명할 엄두를 어떻게 냈는지 의아할 정도다.

분야별 운명상담 논리

구분	언제	어디서	누가	무엇을	왜	어떻게
사주	O	×	×			
풍수	×	O	×			
관상	×	×	O	×	×	×
작명	×	×	O			

- 출생시간 = 인생 결정
- 출생 장소 = 인생 결정
- 생김새 = 인생 결정
- 글자의 획수 = 인생 결정

　보이는 것과 보이지 않는 것을 따지자면 시간은 보이지 않는 것이고 장소와 관상은 보이는 것이다. 보이지 않는 것과 보이는 것 중 어느 것의 강도가 더 강할까? 보이는 것이 훨씬 정확하고 강한 영향을 미친다는 것은 두말할 필요가 없다.

　사주, 풍수, 관상 등 용어가 달라 그렇지 어느 분야든 과부족은 있게 마련이다. 내가 태어난 시간은 사실 살아가면서 별로 중요하지 않다. 오히려 태어난 장소와 부모가 정말 중요하다. 세상을 살아가다 보면 고향은 정말 중요하다. 우리나라 안에서는 서울 사람, 경기도 사람, 강원도 사람, 충청도 사람, 전라도 사람, 경상도 사람, 제주도 사람으로 나눌 수 있고 국제적으로는 미국 사람, 중국 사람, 남미 사람, 영국 사람, 아프리카 사람, 호주 사람, 러시아 사람 등으로 구분할 수 있다. 지역은 크게 보면 지정학이라고도 한다.

　이것이 우리에게 미치는 영향은 너무나 크다. 지역에 따라 관상도 달라진다. 아프리카 사람과 우리나라 사람, 영국 사람과 독일 사람은 생김새도 다르다. 이 모든 것을 종합적으로 분석할 수 있어야 운명 분석도 정확한 해답을 찾을 수 있다.

내 이름으로
성공할 수 있을까?

동양철학의 사주, 풍수, 관상을 종합적으로 묶어서 분석해도 한 사람의 운명을 알기는 쉽지 않다. 그럼에도 운명을 분석하면서 출생한 시간만으로 알 수 있다는 생각은 지금까지 어떻게 살아 남았을까?

운명 역술법- 운명 관련 술법

구분	언제	어디서	누가	무엇을	왜	어떻게
사주	O	×	×	×	×	×
풍수	×	O	×	×	×	×
관상	×	×	O	×	×	×
작명	×	×	O	×	×	×

동양철학에는 '무엇을', '왜', '어떻게'가 없다.

눈에 보이는 것은 거짓말하기 어렵다. 눈에 보이지 않으면 거짓을 말하기 쉽다. 한 개인의 운명을 시간으로 분석한다는 역술인들이 시계를 발명한 것도 아니고 시간 관련 제도를 만든 것도 아니라는 것을 어떻게 생각해야 할까? 시간 전문가라면 시계도 역술인들이 만들었어야 했다. 국제 표준시간 등의 연구도 역술인들이 먼저 했어야 했다. 하지만 역술인들이 시간제도 연구에 무슨 기여를 했는지 아무리 찾아봐도 없다. 24시간제가 확립된 지 100년이 지났는데도 아직도 12시간제를 사용하고 있다. 우리의 시간은 분초를 기본으로 하지만 그들의 시간은 2시간을 기본으로 한다.

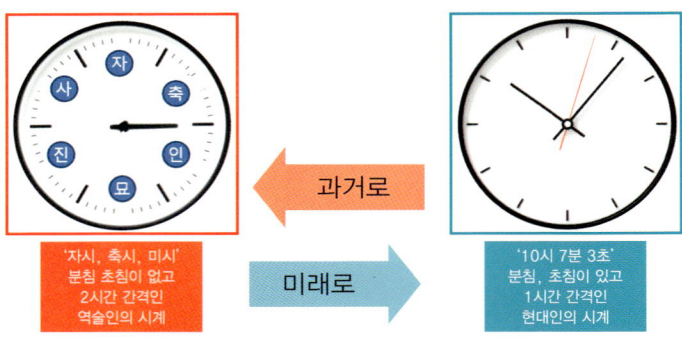

　도대체 무슨 기준으로 역술인들을 시간 전문가라고 부를 수 있을까? 이렇게 허술한 2시간 단위의 시간 개념으로 분초 단위로 움직이는 우리의 운명을 어떻게 설명한단 말인가?

　하나하나 들여다보면 그들이 사주에 부족한 것을 이름으로 채운다는 말의 근거가 신빙성이 없음을 금방 알 수 있다. 그렇다면 아기 이름은 무엇에 근거해 지어야 할까? 시간은 상대적이다. 변화할 수 있고 장소가 바뀌면 시간도 바뀐다. 하지만 장소나 생김새는 비교적 변하지 않는다.

　변하지 않는 기준은 무엇일까? 이름 치료에서 신생아 이름의 기준은 DNA를 제공한 부모, 그 중에서도 엄마를 기준으로 한다. 아기에게 엄마는 가장 절대적인 존재다. 엄마가 없으면 아기의 생존 자체가 불가능하다. 물론 모유를 우유로 대체하고 보모가 엄마를 대신할 수 있지만 그렇더라도 그 역할은 엄마의 대리인일 뿐이다. 대리인은 아무리 잘해도 엄마를 따라갈 수는 없다. 아기에게 가장 절대적인 엄마가 시작되는 시점은 임신하는 때다. 그런데 역술에서는 출산시간 이후만 중요하고 임신일부터 출산일까지는 중요하지 않다.

사람의 시작일 기준

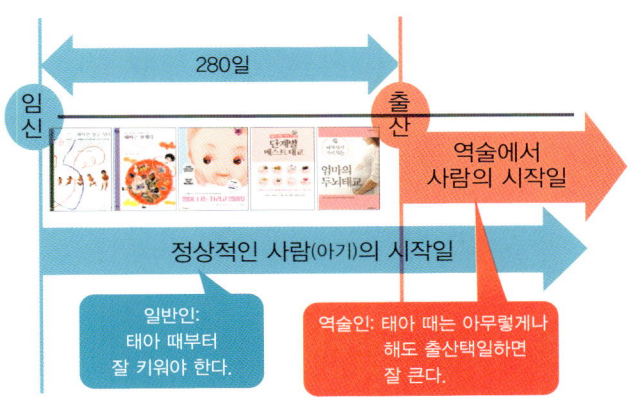

태교를 무시하는 역술

엄마의 역할이 시작되는 임신일 이후 출산일 전까지 불러주는 것이 태명이다. 하지만 역술인은 태명을 지을 수 없다. 사주가 없기 때문이다. 태명의 중요성은 2-2에서 설명했다. 아기에게 태명의 영향력은 절대적이다. 태명은 엄마를 통해 아기에게 영향을 미친다. 엄마를 통하지 않고 아기에게 영향을 미치는 것이 아니라 엄마를 통해 영향을 미친다. 아기가 태어나 3~4세까지 엄마의 역할은 두말할 필요도 없이 절대적이다. 모유 수유는 물론 신생아의 모든 것이 엄마의 손을 필요로 한다. 의·식·주 모든 것이 엄마를 통해 이루어진다.

출생시간이 중요하다는 말은 역술인들만의 주장이지만 엄마라는 존재는 인간은 물론 동물에게도 중요하다. 동물의 모성애를 지켜보면 인간이 부끄러워질 때가 있을 정도다. 이 세상에서 신생아에게 엄마보다 중요한 존재는 없다. 2시에 태어나든, 3시에 태어나든, 10시에 태어나든 엄마의 역할은 변하지 않는다. 그것도 시대에 뒤떨어진 시간으로 설명

역술인의 시간은 왜 12시간제인가?

12시간제에서 24시간제로 변경된 지 120년

1896년 1월1일을 기해 음력에서 양력으로 바꾸고 하루를 12간지에 기초해 12시각으로 구분했던 종래의 방식에서 24시간제라는 세계의 표준 시각 체제로 변경한 동질적 양으로 등분화된 근대적 시간 형식인 시분초를 설명하고 이해시키기 위해 도시되었던 것이다. 시계는 문명 개화의 수단이자 상징물의 하나였으며, 이러한 기계적 시간관, 또는 정시법(定時法)은 기존의 자연적 리듬에 따른 시간 관념과 다른 인위적인 것으로, 근대인의 일상적 삶을 조직하고 통제하는 제도로서 이 시기에 출현하여 교과서 등을 통해 개념과 이미지를 습득하고 시간표에 따라 활동하면서 체화하게 된다.

내 이름으로
성공할 수 있을까? _____

하는 이론과 만고불변의 진리인 모성애의 차이는 너무나 크다.

상대적인 사주와 절대적인 엄마의 역할

이 두 가지 중 어느 것이 이름의 기준으로 적합한가? 작명의 기준은 상대적 시간이지만 이름 치료가 엄마의 건강을 기준으로 하는 것은 아기에게 가장 절대적인 영향이 엄마를 통해 전해지기 때문이다. 엄마가 건강하고 컨디션이 좋으면 아기도 건강하고 잘 자라지만 엄마가 건강하지 못하고 병에 걸려 모유 수유가 잘 안 되고 아기를 보살필 수 없다면 아기도 건강할 수 없다. 그래서 아기 이름을 부를 때 엄마가 건강해야 아기도 건강할 수 있는 것이다.

이름이 부르는 사람에게 20배 이상의 영향을 미친다는 사실을 안다면 아기 이름을 가장 많이 불러주는 엄마가 아기 이름을 부를 때 엄마

소리의 강도는 거리에 반비례

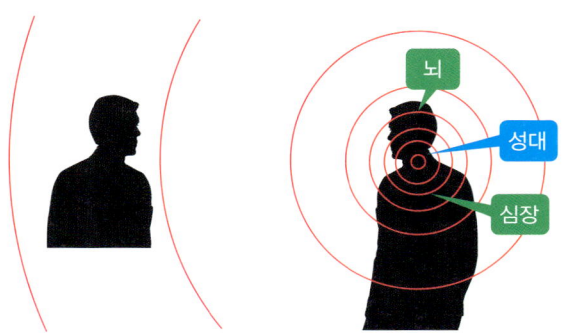

의 건강에 어떤 영향을 미치는지 알 수 있을 것이다. 이 같은 사실은 소리를 내는 성대에서 가까울수록 큰 영향을 받기 때문인데 엄마의 성대에서 나오는 소리에너지는 엄마의 뇌와 심장에 영향을 미치고 그 에너지가 아기에게 전달되어 아기의 건강 상태에까지 영향을 미친다.

이것을 밝혀내고 이름을 연구하는 것이 이름 연구자들이 할 일이다. 최신 과학을 놔두고 수백 수천 년 전 지식으로만 운명이나 이름을 설명해야 한다는 것은 상식적으로 납득하기 어렵다.

모든 논리가 받아들여지고 생명력을 가지려면 진리에 부합하고 상식적이어야 한다. 이름도 이 같은 추세에 부응해 새로운 시대에 새로운 지식을 받아들여 발전해 나가는 것이 당연함에도 일제강점기 구마사키 겐오가 만든 한자 획수나 세메 이름의 힘을 설명할 수 있다는 주장은 이제 접어야 하지 않을까?

Chapter 3

3-1 사주는 이름의 기준이 될 수 있을까?

대부분의 작명가가 사주에 부족한 것을 이름으로 채운다고 말한다.
사주의 오행은 무엇이고 이름의 오행은 무엇일까?
사주의 오행은 시간의 오행이다.
이름의 오행은 소리와 글자의 오행이다.

역술인들이 작명에 참고하는 분야

분야	구분	6하 원칙					
		언제	어디서	누가	무엇을	왜	어떻게
결정론	사주	O	×	×	×	×	×
	풍수	×	O	×	×	×	×
	관상	×	×	O	×	×	×
의지론	작명	×	×	O	×	×	×

■ 작명에 고려하는 요인   ■ 작명에 고려하지 않는 요인

※ 위 표는 운명 논리를 이해하는 데 필수적이므로 중복해 나온다.

풍수는 하늘과 땅의 에너지이고 관상은 얼굴과 인체의 에너지인데 역술인들은 이것을 종합적으로 고려하지 않고 사주만 고려하고 있다. 각자 자신이 아는 분야의 이야기만 한다. 하지만 다양한 요인이 영향을 미치므로 종합적인 각도에서 분석해야 한다.

작명할 때 한글의 오행을 사용하는 경우는 드물고 주로 한자의 오행을 사용한다. 한자의 오행을 자원오행이라고 한다. 자원 오행으로 시간의 오행을 보충한다는 것이 작명가들의 논리다. 이 두 가지는 서로 보충할 수 있을까? 먼저 역술인들이 말하는 시간의 오행을 살펴보자. 시간은 지구가 태양 주위를 도는 것을 기준으로 만들어진다.

1. 1년
2. 1개월
3. 1주일
4. 하루
5. 1시간-역술인의 시간은 최소단위가 2시간으로 우리가 사용하는 1시간 개념은 없다.
6. 1분: 15세기 말 독일어 텍스트에 '분(Minute)'이라는 단어가 등장했다. 1586년 스위스의 요스트 뷔르기(Jost Bürgi)는 헤센-카셀의 영주였던 빌헬름 6세를 위해 최초로 분침시계를 제작했다. 분침은 60분으로 나뉜 시계판 위에서 움직였다. 이로써 프톨레마이오스까지 거슬러 올라가는 60분식 계산법이 구현되었다.

7. 1초: 17세기에 등장했다. 1956년부터 초 단위가 날을 대신해 시간의 기본 측정단위로 자리잡았고 1967년부터는 다시 원자 초가 시간의 기본 단위가 되었다. 기차역이나 체스 게임에서 사용하는 시계를 비롯해 일상생활에서는 일반적인 초 단위 시간으로 충분하다.
8. 초 이하: 초를 더 정밀하게 나눈 것으로 테르츠(Trez)와 쿠아르트(Quart)가 있는데 쿠비체크(Kubitcheck)는 하루의 길이를 측정하기 위해 사용했다. 더 나아가 과학계에서는 십진법에 따라 밀리세컨드(1/1,000초)나 마이크로세컨드(1/100만 초)로 초 단위를 세분화했다. 경주 종목에는 초 단위 이하의 더 정밀한 시계가 필요하다. 육상 $100m$ 경주, 스키 활강, 봅슬레이 등에서는 1/100초 단위의 시계를 사용한다.[1]

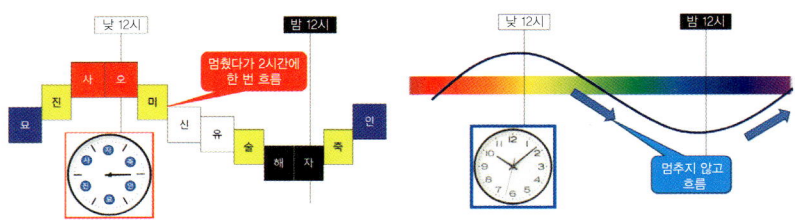

역술인의 시간 오행(사주의 시간)   **정상적인 시간의 흐름**(현대인의 시간)

---

1) 알렉산더 대만트, 『시간의 탄생』, 북라이프, 2018. 195쪽

시간만으로 인간의 운명을 분석하려면 적어도 최고의 시간 전문가여야 한다. 하지만 역술에서는 우리보다 후진적인 시간 개념을 사용하고 있다. 역술에서 시간을 세분화하지 않았다는 것은 시간 개념이 아직 덜 과학적이라는 증거다. 부정확한 시간 개념으로 우리의 복잡한 운명을 어떻게 분석한다는 것인가?

1분 개념은 15세기 말, 1초 개념은 17세기, 초 이하 개념은 그 이후에 탄생했다. 하지만 사주명리학에서는 아직도 2시간 단위의 시간을 사용할 뿐 그 이하의 시간 개념은 없다.

오행의 에너지로 본다면 역술인의 시간은 계단식으로 흐른다. 2시간 동안 변하지 않다가 2시간이 되면 초 단위로 오행이 변한다. 8시 59분 59초에서 9시 1분 1초로 바뀌면 토에서 화의 에너지로 바뀐다고 한다. 하지만 9시 1분 1초에서 12시 59분 59초까지는 화의 에너지가 존재한다고 한다.

자	축	인	묘	진	사	오	미	신	유	술	해
수	토	목	목	토	화	화	토	금	금	토	수
23 -01	01 -03	03 -05	05 -07	-07 -05	07 -11	11 -13	13 -15	15 -17	17 -19	19 -21	21 -23

이렇게 2시간마다 '딸깍'하는 순간 오행이 바뀐다면 그 오행의 에너지는 어디서 오는 것일까? 하늘의 기운을 10간으로, 땅의 기운을 12지로 보지만 10간 자체가 천체학적 근거를 가진 체계가 아니라는 것이 이

미 밝혀졌다.[2)]

하늘에서 오지 않는 하늘의 기운을 시간에 비유해 설명하려는 시도는 고대 중국의 시간 개념으로 우리가 사용하는 현대의 시간 개념과 맞지 않다. 우리의 운명을 설명하면서 우리의 시간과 맞지 않는 다른 시간으로 설명하는 것이 이상하지 않은가?

신체검사를 할 때 우리는 mm 단위의 자로 키를 측정한다. 그런데 역술인들이 20cm 단위의 자를 사용한다면 정확히 측정할 수 있을까? 우리는 분초 단위의 시간을 사용하는데 역술인들의 시간은 2시간 단위여서 자시, 축시, 인시 등으로 불린다. 우리 아이가 오전 10시 32분에 태어났다면 그들은 사시에 태어났다고 말한다. 이렇게 과거로 거슬러 올라가는 시간 개념으로 현대의 우리 운명을 어떻게 설명할 수 있겠는가? 변화를 설명한다는 역학이 변화에 가장 적응하지 못하고 있는 것은 아이러니다.

易

역(易)은 '바꾸다', '교환하다'라는 뜻이 있다. 해와 달이 합쳐진 글자로 해가 뜨고 달이 지는 형상을 본떴다고 한다. 그런데 변화의 이치를 설명

---

2) 김일권, 『동양 천문사상 하늘의 역사』, 예문서원, 209쪽

한다는 역이 수천 년 동안 세상의 변화를 따라가지 못하고 그들만의 좁은 세계에서 빠져나오지 못하는 이유는 무엇일까?

　오늘날은 시계가 없는 고대의 세상이 아니라 누구나 시계를 갖고 다니는 세상이다. 시계 없이는 생활할 수 없을 정도로 시간 개념이 정확해야 살아갈 수 있는 세상이다. 그런데 시간만으로 누군가의 운명을 알 수 있다는 易이 가장 선진적이어야 함에도 가장 후진적인 시간체계로 운명을 설명하고 있는 것이다.

　항공기 출발 이륙시간을 알려주는 공항 안내판은 분 단위로 되어 있다. 고속버스터미널이나 서울역 등의 모든 버스와 열차도 분 단위로 출발한다는 것을 모르는 역술인은 없을 것이다. 하지만 그들은 왜 우리 현대인의 시간과 자신들이 사용하는 시간을 일치시키지 못하는 것일까?

그렇게 해도 고객들이 잘 알아들어 그래도 된다고 생각하는 것일까? 역술인들은 위의 비행기 출발시간을 9시 10분이라고 부르지 않고 사시라고 부를 것인가? 실제로 사용할 수 없는 시간으로 우리의 운명을 설명하는 이유는 도대체 무엇인가?

역술인도 사용하지 않는 역술의 시간

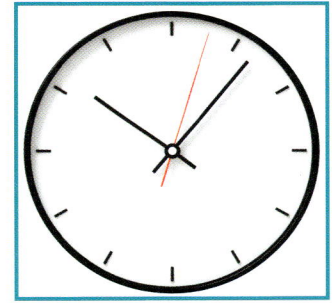

'자시, 축시, 미시'
분침, 초침이 없고
2시간 간격인
역술인의 시계

'10시 7분 3초'
분침, 초침이 있고
1시간 간격인
우리의 시계

가장 바뀌지 않는 것이 易?

이렇게 허술한 시간 개념으로 이루어진 사주가 소중한 우리 자녀들의 이름을 만드는 기준으로 적합할까? 21세기의 우리 자녀들에게 수천 년 전의 옷을 입히는 것과 같은 우를 범하는 것이 사주에 근거한 작명이다.

또 하나 짚어보자. 사주의 오행은 2시간마다 변하지만 이름의 오행은 24시간 변하지 않는다.

시간의 오행과 이름의 오행

역술에서 오행의 색상 및 시간

자	축	인	묘	진	사	오	미	신	유	술	해
수	토	목	목	토	화	화	토	금	금	토	수
23-01	01-03	03-05	05-07	-07-09	09-11	11-13	13-15	15-17	17-19	19-21	21-23

이름의 오행: 길동 吉(수水) 童(금金) ➡

시간의 오행은 2시간마다 변하지만 이름의 오행은 항상 그대로다. 하루에 상생과 상극을 똑같이 반복한다. 토극수이므로 토의 시간에는 길(吉: 水)이 상극이 되고 화의 시간에는 동(童: 金)이 상극이 된다. 이렇게 상

운명론의 양대 이론

결정론

운명은 결정되어 있고 바꿀 수 없다.

사주, 풍수, 관상

의지론

운명은 바꿀 수 있다.

작명

내 이름으로
성공할 수 있을까? _____

생과 상극을 12번 반복하며 시간은 흐른다. 결국 어떤 이름이든 상생과 상극을 반복하는 것은 똑같으므로 12시간 내내 상생에너지를 주는 이름은 없다. 결국 이름의 오행은 아무 의미도 없다는 것이다.

따져보면 사주에 부족한 것을 이름으로 채운다는 말은 공허한 말장난일 뿐이다. 원래 사주는 운명이 결정되어 있다는 논리이고 작명은 운을 바꾼다는 논리이니 정반대 논리다.

따라서 역술인은 사주만 봐야 하고 작명가는 이름만 만들어야 한다. 그런데 운명은 이미 결정되어 있다고 주장하는 역술인이 운명을 바꾼다는 작명을 하는 것은 운명론적 입장에서 상반된다. 그러므로 운명이 변하지 않는다면 이름을 바꾸어도 운이 바뀌지 않아야 하고 변한다면 이름을 바꾸면 사주풀이가 달라져야 한다. 이름을 바꾸어도 사주풀이를 그대로 한다면 그 풀이가 맞지 않는 것이다.

사주를 보려면 사주만 봐야 하고 작명을 하려면 작명만 해야 한다. 이 같은 논리를 모르는 역술인들이 작명을 한다는 것은 논리적 모순이다. 자신이 무슨 일을 하는지도 모르는 착각이다. 그래서 역술인들이 작명을 하는 것은 이솝우화에 나오는 박쥐와 같은 행위가 되는 것이다.

사주의 또 다른 문제는 60년 주기로 반복되므로 그 이상 연령대를 설명할 수 없다는 것이다. 과거에는 60세도 오래 사는 편이었지만 오늘날은 100세 시대다. 60세 이상 생존자가 매우 많다. 최근 언론보도에 의하면 한국인이 가장 많이 사망하는 나이는 남성 85.6세, 여성 90세다.[3] 역술 논리대로라면 61세가 개명하려면 1세와 같은 이름을 받으면 된다. 성립될 수 있는 논리인가?

사주는 작명과 정반대 논리이자 시간적으로도 이름을 만들 때 기본 자료로 사용하기에는 너무 문제가 있는 논리다. 사주가 왜 맞는 것처럼 느껴지는지 노벨상을 받은 과학자들의 실험 결과를 살펴보자.

20여 년 전 프랑스에서 흥미로운 실험이 있었다. 프랑스 과학자들이 학생들에게 백지를 나누어주고 그들의 성명, 출생지, 생년월일, 출생시간과 마지막으로 꾼 꿈을 적어내게 했다. 1주일 후 모든 학생에게 그들의 성격에 대한 개인별 분석통지서를 나누어주고 그것이 자신의 성격과 얼마나 일치하는지 질문해보았다.

1. 매우 일치
2. 대부분 일치
3. 비교적 일치
4. 비교적 불일치
5. 대부분 불일치
6. 매우 불일치

그리고 한 가지를 선택하게 했더니 전체의 60%가 그 결과에 대한 평

---

[3] https://www.hani.co.kr/arti/society/society_general/1042352.html

가로 1, 2, 3번을 선택했다.

　과학자들은 학생들에게 자신이 받은 통지서를 큰 소리로 읽어보게 했고 학생들은 통지서를 읽으면서 모든 통지서가 같다는 것을 알게 되었다. 과학자들은 이 일화가 소위 '초자연 현상' 영역에서 흔히 일어나는 무수한 효과들의 비밀을 잘 보여준다고 말한다. 특히 그들이 점성술사나 교주로서 학생들에게 소개된 것이 아니라 거짓 신비를 벗기는 과학자로 소개되었다는 점을 감안하면 60%라는 수치는 의미심장하다고 말한다.

　이 실험을 통해 사주풀이가 60~70% 들어맞는다는 통계가 사주팔자가 진리이기 때문인지, 다른 요인 때문인지 현명한 판단을 내릴 수 있을 것이다. 물론 이 실험은 사주팔자 말고도 점성술, 타로카드, 꿈풀이 등 모든 운명을 말하는 다른 이론들에도 적용할 수 있다.[4]

　과학적이라면 여러 번 확인해도 결과가 같아야 한다. 그렇지 않고 여기서 답변하는 것과 저기서 답변하는 것이 다르면 과학이 아니다.

　사주의 또 다른 문제는 출생시간이 운명을 설명하기에는 너무나 부족한 자료라는 것이다.

---

4) 조르주 샤르파크, 앙리 브로슈 지음, 임호경 옮김, 신비의 사기꾼들 『노벨상 수상자의 눈으로 본 사이비 과학』 궁리, 2002, 27~29쪽

동양철학의 설명 범위

분야	구분	6하 원칙					
		언제	어디서	누가	무엇을	왜	어떻게
결정론	사주	O	×	×	×	×	×
	풍수	×	O	×	×	×	×
	관상	×	×	O	×	×	×
의지론	작명	×	×	O	×	×	×

동양철학에서 사주는 '언제', 풍수는 '어디서', 관상과 작명은 '누가'를 설명할 뿐 전체를 설명할 수 없다는 뚜렷한 한계가 있다. 사주는 눈에 보이지 않으며 풍수나 관상은 눈에 보이는 것이고 이름은 듣고 볼 수 있으니 이런 점에서 허구가 통할 소지가 가장 큰 것이 사주다. 따라서 사주를 기준으로 작명을 하는 것은 가장 불확실한 자료에 근거한 것이니 당사자들이 판단해야 할 뿐 모르면 아무도 도와줄 수 없다.

내 이름으로
성공할 수 있을까?

3-2
이름 고르기의 중요성

작명이나 개명 과정에서 이름을 고르는 방법의 중요성을 아는 사람은 거의 없다. 특히 작명가 중에도 이름 고르는 과정의 중요성을 아는 사람이 없다. 자칭 유명 작명가들도 고객에게 이름 몇 개를 이메일로 보내고 그 중 알아서 선택하라고 한다. 심지어 가족과 함께 상의하라고 한다. 이것은 이름을 선택했을 때 발생하는 결과를 몰라서 하는 말이다. 작명가들은 이름을 보내며 자신이 만든 이름 중에 우열이 있다는 것을 모른다. 유명 작명가들은 대부분 신청자에게 이름 세 개를 보내고 그 중에서 본인이 고르라고 한다. 그런데 이 이름 세 개 중에는 좋고 나쁨의 분명한 차이가 있다.

작명가의 생각

이름	작명가의 생각	비고
김□□	최상	최상이 아님
김△△	최상	최상이 아님
김○○	최상	최상이 아님

과학적 측정 결과

이름	측정 결과	비고
김□□	좋음	좋은 결과
김△△	중간	중간 결과
김○○	나쁨	나쁜 결과

이름 관련 자료를 보면 역술인이나 작명가들은 의외로 이름을 단순한 것으로 생각한다. 성명학은 대체로 간단한 구조여서 책 한 권만 있으면 이름을 대략 감정하고 길흉을 판단할 정도다. 낭월이가 활용하는 책은 정보국 선생의 저서 작명보감이다. 한국의 특성에 따라 동사무소에 등록할 수 있는 글자들을 모아 음양오행으로 분류해 초학자도 조금만 시간을 투자하면 이름을 지을 수 있을 것이다. 좋은 이름으로 소중한 인생을 복되게 산다면 전혀 말릴 이유가 없다고 필자는 생각한다. 물론 사주팔자를 무시하고 이름만으로 온갖 길흉을 말하는 데는 의문도 약간 있다.[5]

---

5) 음양오행론, 낭월사주방, 제1권, 36쪽

내 이름으로
성공할 수 있을까?

이것이 이름에 대한 역술인들의 생각이다. 아마도 대부분의 역술인들이 이런 생각으로 이름을 만들고 있고 간단히 획수와 오행만 맞추면 된다고 생각할 것이다. 하지만 이름에너지를 확인해보면 이런 생각은 금방 사라지고 좋은 이름을 어떻게 줄 수 있을지 고민하게 된다. 그래서 대충 만든 이름 세 개를 주고 좋은 이름이라고 말하는 것이 얼마나 위험한 것인지 알 수 있다.

대충 만들 수밖에 없는 것은 이름을 만들기 전에 확인하는 자료가 사주뿐이기 때문이다. 사주는 태어난 시간이다. 사주에 부모, 건강 여부, 유전질환 여부, 성격, 직업, 학력, 소득수준, 생활환경 등의 요인은 나오지 않는다. 출생국가, 지역, 생김새, 행동, 습관, 특기, 취향도 없다. 그런데 어떻게 사주만으로 좋은 이름을 만든다는 것인가? 역술인들의 최대 단점은 시야가 사주에 국한되어 있고 그것을 자신들이 모른다는 것이다. 사주를 이 세상의 모든 문제를 해결할 마스터키로 인식해 다른 중요한 원인을 고려하지 않고 계산하고 있는 것이다.

동양철학 운명술 중 역술인이 작명에 고려하는 요인

분야	구분	6하 원칙					
		언제	어디서	누가	무엇을	왜	어떻게
결정론	사주	O	×	×	×	×	×
	풍수	×	O	×	×	×	×
	관상	×	×	O	×	×	×
의지론	작명	×	×	O	×	×	×

■ 작명에 고려하는 요인 ☐ 작명에 고려하지 않는 요인

사주에 모든 것이 포함되어 있다면 풍수, 관상, 작명이 필요 없어야 하지만 그렇지 않으므로 다른 분야의 전문가들이 필요한 것이다. 동양철학의 허술함은 사주, 풍수, 관상을 모두 모아도 우리가 필요로 하는 문제의 절반도 해결하지 못한다는 점이다.

이 표의 내용을 보면 사주에 운명이 들어 있다는 주장이 얼마나 어불성설인지 알 수 있다. 가장 단순한 것을 하려고 해도 언제, 어디서가 필요하다. 어떤 변수도 모든 것을 설명할 수 없다. 모두 모아봤자 절반도 안 된다. 이 세상에서 내 것만 최고인 것은 아니다. 얼마든지 남의 것이 더 크고 더 좋고 성능도 더 우수한 경우가 많다.

풍수나 관상은 눈에 보이는 영역이다. 사주는 눈에 보이지 않는 영역이지만 해와 달, 계절, 밤낮의 변화로 짐작할 수밖에 없다. 작명가들이 사주를 분석해 부족한 것을 채운다고 주장하지만 설령 그들의 말대로 된다고 하더라도 1/6에 불과하다. 이것을 모르면 1/6이 전부인 것으로 착각할 수 있다.

이렇게 일부만의 논리로 작명한 이름이 얼마나 어설플지는 금방 알 수 있다. 이런 정도의 논리로 작명을 해왔고 우리 모두 그들의 말을 진실로 생각하고 이름을 받아온 것이다.

2023년 맘스홀릭 베이비 페어에서 만난 많은 엄마들 스스로 아기 이름을 만들어 아기에게 주려고 했다. 하지만 그 이름이 정말 좋은 이름인지 확신할 수 없어 모 카페 상담란에는 아기에게 어떤 이름을 주어야 할지 고민해 올린 많은 글들이 있다.

모 임산부 카페의 이름 관련 문의 글

	제목	작성자	작성일	조회
53308099	[30대] 친정아빠가 아기이름때매 난리네요 [12]	아빠딸자	2020.12.05.	672
53308009	아기이름 골라주세요 [16]	아이캔코니	2020.12.05.	276
53307996	아기이름 골라주세요 [8]	아이캔코니	2020.12.05.	319
53306130	최씨 남자아기이름 [22]	liuliu	2020.12.05.	194
53304068	하나뿐인 아기이름 크리스마스 토퍼 [7]	춤추는창장이	2020.12.05.	5,523
53303293	아기 이름 투표해주세요^.ㅠ [2]	곰뜨리망	2020.12.05.	149
53301973	아기 이름 지었어요(서초동 강남역 백운학 작명소)	다리달달달	2020.12.05.	99
53300951	아기이름지으려는데요.. [3]	헬로꼬마곰	2020.12.05.	239
53297932	남아,여아 아기이름 두개중 한개 골라주세요!! [16]	젊은신혼부부	2020.12.05.	253
53297064	아기 이름 한자 [3]	귀여운내새끼	2020.12.05.	208
53295775	아기 한글이름 추천해주세요~ [11]	양고요미	2020.12.04.	502
53295515	태어나기전 아기 이름 정해놓으신 분 !! [7]	찹쌀떡매밀묵	2020.12.04.	619
53294188	21년 2월생 딸 아기이름 [26]	캘리꼬미	2020.12.04.	301
53294064	[37주] 시댁에 아기 이름반대 어떻게하세요...? [24]	살롬민트	2020.12.04.	1,814
53293853	남씨 아기이름! [6]	떡심이	2020.12.04.	111

1 2 3 4 5 6 7 8 9 10 다음 >

이름을 검진해보면 금방 해결할 수 있는 것을 혹시 나쁜 이름일지 두고두고 마음고생하고 나중에 확인하고 나서 결국 개명까지 해야 할 상황이 된다. 한 번에 좋은 이름을 받는 것이 가장 바람직하다. 아무리 좋아도 개명을 하면 불편이 따른다. 나뿐만 아니라 주변 지인들까지 불편하다. 어제까지 부르던 이름을 바꿔 불러야 하고 졸업장 등 모든 증서에 적힌 이름도 바꿔야 한다. 바꿀 이름을 서너 개만 만들면 좋은 이름을 고르기 어렵다. 최소한 여섯 개가량의 이름을 만들어 3차까지 측정해야 좋은 이름 하나를 고를 수 있다.

김경윤	金炅爀	김명주	金明駐
김남연	金枏潤	김문영	金炆瑩
김도경	金徒經	김은재	金恩溨

이렇게 여섯 개의 이름을 받으면 어느 것이 정말 좋은 이름인지 고민이 된다. 이 문제를 해결하는 방법이 바로 좋은 이름을 골라드리는 이름검진이다. 이름검진의 첫 번째 목적은 내 이름이 좋은 이름인지, 나쁜 이름인지 확인하는 것이다. 그 후 좋은 이름이면 그대로 사용하면 되고 나쁜 이름이면 바꾸면 된다.

바꿀 때는 매우 신중히 선택해야 한다. 현재의 작명가들이 말하는 방식으로 이름을 고른다면 대부분 좋은 이름을 고르지 못한다. 본인이 고르다 보면 자신의 현재 에너지와 비슷한 이름을 고르게 되어 좋아지기보다 현재 상태 그대로 살아가게 되기 때문이다.

지금까지는 이름에 어떤 에너지가 들어 있는지 모르는 작명가들이 이름을 확인하지 않고 주는 경우가 100%였지만 앞으로 이름검진이 활성화되면 유명 작명가나 엄마 아빠가 만든 이름을 확인하게 될 것이다. 내게 나쁜 이름을 사용하지 않아도 되는 것이다. 좋은 이름을 가졌을 때의 좋은 점은 정말 많다. 건강하고 판단력이 향상되고 불필요한 갈등으로 항상 고민하지 않아도 된다.

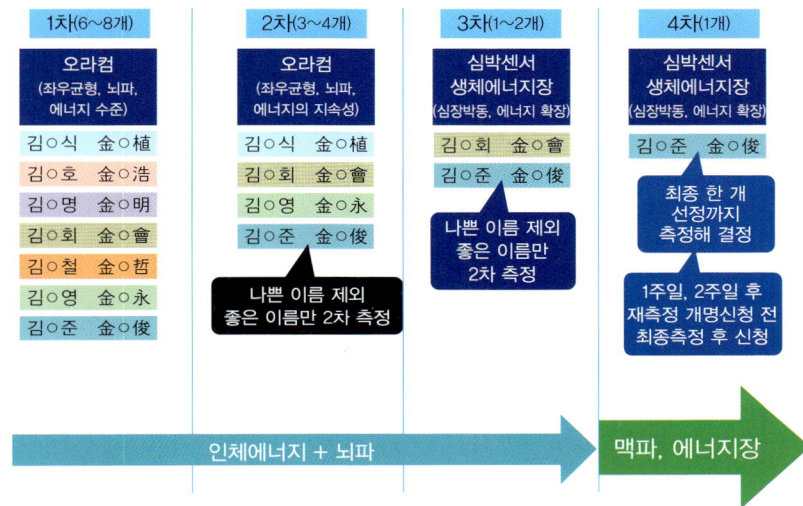

이름을 고르는 과정은 간단하지 않다. 이름을 부를 때 뇌와 심장에서 일어나는 반응까지 잘 살펴가면서 골라야 하기 때문이다. 그렇지 않고 본인이 대충 고르면 자신의 현재 에너지와 같은 이름을 고르게 되므로 운이 좋아지지 않는다. 이런 사실을 작명가들이 알면서도 지금까지 해결책을 찾지 못했다는 것이 작명가들의 실력을 보여준다.

어느 작명가의 고백

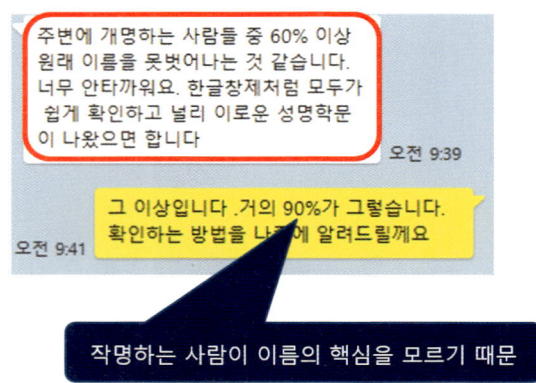

 필자가 쓴 『과학과 의학으로 밝혀본 이름의 힘』을 본 지방의 모 작명가가 보내온 카톡 메시지다. 사주만 고려해 이름을 만들었을 때 어떤 일이 벌어지는지 작명가들 스스로도 알고 있다는 것이다.

3-3 이름검진의 필요성

이름검진은 내 이름이 좋은 이름인지, 나쁜 이름인지 확인하는 절차다. 우리가 살아가면서 이름에 대해 생각해보는 경우는 보통 두 가지다.

첫째, 아기가 태어났을 때
둘째, 이름을 바꾸고 싶을 때

1. 아기가 태어나면 이름을 만들어주어야 한다. 역술인이나 작명가에게서 이름을 받았는데 확신이 안 선다. 소중한 자녀에게 정말 좋은 이름을 주고 싶은데 그 방법을 모르겠다.

2. 살아가면서 일이 뜻대로 안 풀려 혹시 이름 때문인가 생각해서 작명소에 가서 물어보니 그렇다고 한다. 그 말을 들으니 정말 확인해 보고 싶다. 작명가에게서 이름을 받긴 했는데 내게 정말 좋은 이름인지 아닌지 알 수가 없다. 이럴 때 확인하는 방법이 이름검진이다.

똑같은 이름을 여기서는 좋다, 저기서는 나쁘다고 한다.

> A 작명소: "좋은 이름이네요.
> 이 이름으로 잘 살 거예요."

> B 작명소: "이 이름 누가 지었나요?
> 큰일날 사람이네요."

있을 수 있는 일인가?   있을 수 없는 일인가?

작명소에서는 81수리, 자원오행 등 그들만의 용어로 설명하는데 알고 보면 일제강점기 창씨개명을 위해 일본인 작명가들이 만들어 놓은 이론이 맞는지 아닌지도 알 수가 없다. 자기들끼리는 유식하다고 생각하는 것 같은데 정상인의 입장에서 보면 사용하는 용어나 방식이 현대적 교육이라곤 전혀 받아본 적 없는 사람들 같다.

이런 구식 논리로 만든 이름이 우리 아이와 내게 과연 좋은 이름이 될 수 있을지 의심스럽다. 사주를 알아야 작명을 한다는데 사주는 태어난 시점에 운이 결정된다는 주장으로 태교를 무시하는 이론이다.

태교는 아기가 태어나기 전 엄마와 가족이 모두 조심하며 아기에게 편안한 환경을 만들어주는 것이다. 원래 동양에서는 태교를 매우 중시했는데 태교를 무시하는 사주 이론이 널리 알려진 것은 수수께끼다.

3대가 작명했다느니 여러 명이 모여 작명했다는 작명소도 있다. 3대가 작명했다면 할아버지는 이름을 어떻게 연구했고, 아버지는 어떻게 발전시켰고, 손자는 어떻게 과학적으로 하고 있는지 밝혀야 정상적인 연구자다. 그렇지 않고 할아버지가 한 것을 아버지와 손자가 그대로 따라 한다면 정체된 지식으로 작명을 하는 작명소다. 여러 명이 작명한다면 그들이 어떤 학술지에 어떤 논문과 저서를 발표했고 어떤 업적을 쌓았는지 밝혀야 한다. 그러지 않다면 이름을 제대로 연구한 적이 없고 오래된 이론만 앵무새처럼 되뇌는 것으로 너무나 부끄러운 일이다.

또한, 학문의 반열에 오를 수 없는 주장으로 이름을 만들며 정식으로 연구역량도 갖추지 않고 '성명학자'라는 칭호를 사용하는 것은 고객에게 없는 실력을 있는 것처럼 보이는 기만술일 뿐이다.

성명학은 없다. 작명가들이 자화자찬하는 말이다. 많은 사람이 작명소를 다녀오면 궁금증이 시원하게 풀리긴커녕 더 찜찜하다. 뭔가 해결되지 않은 것이 있기 때문이다. 이들이 만든 이름으로 개명신청하고 나서 이름검진을 하면 늦다. 출생신고나 개명신청을 하기 전에 이름검진을 해야 다시 좋은 이름을 받을 기회가 있다.

작명법에 대한 작명가들의 주장

　따라서 이름검진을 하지 않고 그대로 방치하면 역술이나 작명 논리의 허점을 파악할 수 있는 상위 20% 정도의 논리적인 부모를 제외한 대부분의 부모가 자녀 이름으로 인한 피해를 모른 채 살아가거나 작명가의 말을 진실로 생각하고 살아갈 것이다.

　엄마들은 대부분 자식을 위해서라면 무조건적이어서 이 허점을 악용하는 역술인과 작명가의 꾐에 의외로 잘 속는다. 한 번 나쁜 이름을 받으면 그 효과가 영향을 미쳐 계속 어려움을 겪지만 내가 왜 그런 일을 겪는지 알 수가 없다. 자칭 유명 작명가에게서 이름을 받았는데 그 이름이 정말 좋은 이름인지 궁금하다면 증서를 지참해 이름검진을 해보면 내 이름이나 자녀의 이름이 건강과 판단력 등에 어떤 영향을 미치는지 알 수 있다.

내 이름으로
성공할 수 있을까? _____

모성애의 편향성

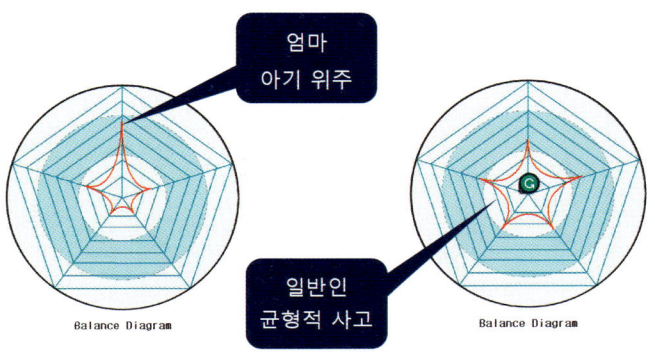

작명가나 역술인들은 이름을 만들어준 이후의 절차는 전혀 모른다. 그래서 좋은 이름을 만들어준다고 주장하지만 측정하는 방법을 몰라 고객에게 나쁜 이름을 주는 경우가 많다. 따라서 이런 방식은 고객에게 큰 피해를 입힌다. 아무리 좋다는 이름도 정작 당사자에게 좋아야 한다.

공사현장 인부에게는 고급 정장보다 때 안 묻고 안전하고 질기고 오래 입을 수 있는 옷이 좋은 옷인 것과 같은 이치다. 이 점을 확인하지 않고 주는 좋은 이름은 의미가 없다. 이것을 알기 위해서는 먼저 나를 알고 이름을 알아야 하는데 사주로는 나를 알 수 없으므로 사주로 만든 이름은 대부분 나쁜 이름이다. 이름은 태어난 후에 받지만 태어나기 전의 조건에 따라 달라질 수 있으므로 이들의 주장이 틀릴 뿐만 아니라 정반대로 작용할 수도 있다.

역술인들이 좋은 이름을 만들 수 없는 이유는 이들이 오행의 실체를 모르면서 안다고 착각해 사주(존재하지 않는 시간의 오행)를 기준으로 작명하므로 본인과 안 맞는 이름을 좋은 이름이라고 주기 때문이다.

사주의 오행

실제 오행

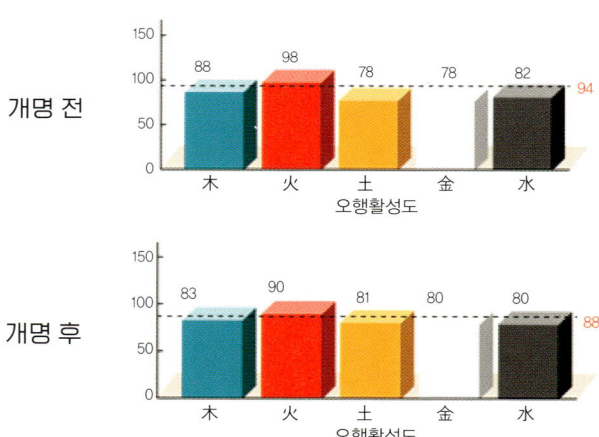

내 이름으로
성공할 수 있을까? _____

이들이 적용하는 자시, 축시 등은 수천 년 전에 정해진 시간 단위로 분초 단위를 사용하는 현대인들에게 전혀 맞지 않다.

역술인도 사용하지 않는 역술의 시간

'자시, 축시, 미시'
분침, 초침이 없고
2시간 간격인
역술인의 시계

'10시 7분 3초'
분침, 초침이 있고
1시간 간격인
우리의 시계

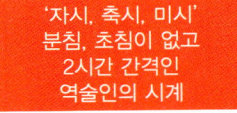

가장 바뀌지 않는 것이 易?

고속버스 사고의 원인을 마부가 조사할 수는 없다. 우리 아들딸이 어느 대학에 지원하면 될지 서당 훈장이 알 수 없다. 이사가는 날짜를 부동산중개업소에 묻지 않고 역술인에게 물어보면 어떻게 알 것인가? 이 정도면 역술인에게 모든 것을 물어보는 것이 얼마나 어처구니없는 행동인지 알 수 있다.

점심 먹기 전 11시 1분과 점심 먹은 후 12시 59분은 동일한 에너지이면서 12시 59분과 1시 1분은 다른 에너지라고 한다면 맞는 말일까? 이것조차 구분하지 못하는 것이 역술인들이다.

역술인들이 말하는 12지 시간은 자신들도 사용하지 않는 시간인데 고객에게는 마치 진리처럼 주장한다. 좋은 이름이라고 받았지만 과학적으로 확인한 결과, 나쁜 이름인 것은 역술인이나 작명가들이 이름이 무엇인지, 어떤 기준으로 만들어야 하는지, 이름의 효과를 어떻게 확인해야 하는지 등을 몰랐기 때문이다.

나쁜 이름은 건강을 악화시키거나 판단력을 흐리게 하는 반면, 좋은 이름은 건강 상태를 호전시키고 판단력을 향상시킨다. 지금까지는 작명가가 나쁜 이름을 좋은 이름이라고 주어도 확인할 방법이 없었지만 이제는 확인할 수 있다.

어떤 역술인이나 작명가도 이름이 인체에 미치는 영향을 확인해서 이름의 등급을 판정할 실력이 없다. 따라서 고객분들은 작명가나 역술인에게서 나쁜 이름을 받아 피해를 입고도 누구에게도 하소연하지 못한 채 냉가슴만 앓을 수밖에 없었다. 하지만 이름이 인체에 미치는 영향은 이름을 부르기 전후의 인체 변화를 측정하면 알 수 있다. 건강 상태를 악화시키는 이름은 절대로 운을 좋게 할 수 없다.

좋은 이름은 인체의 에너지를 향상시키고 균형 상태로 만들어주지만
나쁜 이름은 인체의 에너지를 저하시키고 불균형 상태로 만든다.

좋은 이름은 얼굴 온도를 낮추어 머리를 맑게 해주지만
나쁜 이름은 얼굴 온도를 높여 불쾌감을 준다.

좋은 이름은 심장박동을 안정시켜 편안하게 해주지만
나쁜 이름은 심장박동을 혼란시켜 불편하게 한다.

좋은 이름은 뇌파를 균형 상태로 만들고 편안하게 해주어 성적과 실적을 높여주지만 나쁜 이름은 뇌파를 불균형 상태로 만들어 불안하게 하므로 성적과 실적을 떨어뜨린다.

좋은 이름은 판단력을 향상시켜 좋은 결과를 가져오지만
나쁜 이름은 판단력을 저하시켜 안 좋은 결과를 가져온다.

이것은 과학적으로 확인할 수 있다. 작명가에게 속아 나와 자녀의 인생을 송두리째 나쁘게 만들 것인가? 좋은 이름과 나쁜 이름을 판정하는 방법이 역술이나 작명 서적에 나와 있지 않은 것은 이들에게 이름을 연구할 역량이 없음을 보여주는 것으로 이름이 역술인이나 작명가의 영역이 아님을 말해준다.

3-4
과학과 의학, 그리고 이름

2022년 12월 3일(한국 시간), 카타르 월드컵 H조 예선 포르투갈전에서 황희찬(26세) 선수는 결승골을 넣고 과감히 유니폼 상의를 벗는 세리머니를 펼쳤다. 이때 유니폼 속의 검은색 옷이 관중의 눈길을 끌었다. 이날 그의 세리머니 이후 여러 온라인 커뮤니티에는 "황희찬이 입은 이상한 속옷은 도대체 무엇일까?", "왜 저런 걸 입었을까?" 등 궁금증이 쏟아졌다.

스포츠 브라처럼 생긴 이 옷은 알고 보니 선수의 각종 데이터를 수집하는 웨어러블 기기였다. 국제축구연맹(FIFA) 홈페이지에 따르면 이 기기는 전자성능추적시스템(EPTS: Electronic Performance and Tracking Systems)으로 위치추적장치(GPS) 수신기, 자이로스코프(회전운동 측정센서), 가속도 센서, 심박동 센서 등 각종 장비와 센서가 탑재되어 있다.

내 이름으로
성공할 수 있을까? _____

6)

　감독과 코치진은 이를 통해 선수들의 활동량, 최고 속도, 방향 전환 방식, 히트맵 등을 확인해 그 정보를 훈련과 전술에 활용한다. 이외에도 피로로 인한 부상이나 심장이상으로부터 선수를 보호할 수 있는 것으로 알려졌다. 이는 2014년 브라질 월드컵에서 우승한 독일이 사용해 큰 효과를 보았다는 사실이 알려지면서 주목받기 시작했다. 월드컵 출전선수 모두 착용한 이것은 옷이라기보다 전자계측기기다.

　이렇게 기기에 내장된 웨어러블센서는 이름과 어떤 관련이 있을까? 웨어러블 디바이스는 앞으로 우리를 지켜주는 가장 충실한 건강 경호원이 될 것이다. 이 같은 기능성 의복은 오래전 실용화되었다. 2015년 5월 20일 심장박동수를 확인하는 기능성 의복이 이미 개발되었다.

---

6) https://www.chosun.com/sports/special-qatar2022/2022/12/09/MOVDMMMC2VHZ7A5S6IMO2DNG6U/

　이런 기기를 착용하고 출전한 마라톤 선수는 경기 도중 심장이상으로 인한 갑작스러운 사고를 예방할 수 있다. 같은 원리로 이 기기를 착용하고 이름을 불러보면 좋은 이름과 나쁜 이름을 확인할 수 있을 것이다. 이름을 부를 때의 주파수가 심장박동에 변화를 가져오기 때문이다. 이름은 음성 주파수로 되어 있고 그 주파수가 우리의 건강에 영향을 미친다. 긍정적인 영향을 미치면 건강에 도움이 되고 부정적인 영향을 미치면 건강에 위협이 된다. 이름 분석은 바로 이 점에서 시작되어야 한다. 따라서 어떤 이름이 각 개인에게 좋은지는 획수로 알 수 있는 것이 아니라 반드시 개별적으로 확인해봐야 알 수 있다.

　2019년 6월 일본 화학업체 도레이는 피 한 방울로 각종 암을 진단하는 키트 개발을 발표했다. 도레이는 지금까지는 암 여부를 확실히 알려면 수십 ml(밀리리터: 1ml는 1/1,000ℓ)의 혈액이 필요했는데 이 키트만 있으면 단

내 이름으로
성공할 수 있을까? _____

0.5㎕(마이크로 리터. 1㎕는 1/100만ℓ)만 있어도 암을 발견할 수 있다고 설명했다. 암 진단에 혈액 한 방울이면 충분해 집에서 간편하게 사용할 수 있다고 한다.

생체물질 분석기술이 발전하면서 '혈액 진단'이 대세가 되어가고 있다. 지금까지는 소변, 땀 등 인체의 여러 체액을 이용해 질병을 진단하는 기술개발이 추진되었지만 최근 들어 '혈액'으로 수렴되고 있다. 인간의 혈액 속에는 단백질, DNA, RNA 등 모든 생체정보가 들어 있기 때문이다. 혈액을 이용한 암 진단이 보편화되면 환자들이 고가(高價)의 검사 장비를 사용하지 않고도 가정에서 상대적으로 적은 비용으로 암을 조기에 확인해 치료할 수 있어 큰 도움이 될 것이다.[7)]

이렇게 과학기술이 발전하는데 이름을 바꾸어 부르면 혈액에서도 변화가 온다는 것을 입증한 실험이 있었다.

2013년 필자가 출연한 TV조선 '신년특집 복을 부르는 이름' 제작진이 서울 호서전문학교 김현주 교수에게 의뢰해 실험한 결과가 방영되었다. 당시 제작진이 필자에게 의뢰한 사항은 이름이 인체에 영향을 미친다고 하니 좋은 이름과 나쁜 이름 샘플 하나씩을 제공해 그 이름으로 실험해보는 것이었다. 그러나 실제 이름으로 실험한 결과가 방영되면 그 이름을 사용하는 본인이나 지인들이 그 이름을 사용하는 사람에 대

---

7) https://www.chosun.com/site/data/html_dir/2019/06/23/2019062300915.html

한 인식이 나빠질 것을 우려해 '사랑이'와 '미움이'로 해도 같은 결과가 나올 거라고 제안했다.

그런 다음 일정 기간 '사랑이'라고 불러준 쥐와 '미움이'라고 불러준 후 실험용 쥐의 혈액을 채취해 분석해보니 백혈구, 적혈구, 헤모글로빈에서도 변화가 확인되었다.

'사랑이'와 '미움이'라고 불러준 후의 쥐 혈액검사 결과

구분	A 그룹(사랑이)	B 그룹(미움이)
백혈구	13.4	5.6
적혈구	46.7	37.9
헤모글로빈	14.8	13.1

염증이 발병할 상황이 되면 미움이 그룹의 면역력이 떨어질 거라는 김현주 교수의 실험 결과가 방영되었다. 당시 콩에서 새싹을 틔우는 과정에서 1주일 동안 '사랑이'와 '미움이'라고 불러준 실험에서도 '사랑이' 그룹 그릇 안의 싹이 더 크게 자랐다.

이후 제작진 인터뷰에서 필자는 이름 파동이 인체에 영향을 미칠 수 있으며 이 같은 사실을 측정장비로 확인할 수 있다고 말했는데 이 발언 이후 제작진이 직접 좋은 이름과 나쁜 이름을 부르며 측정실험을 하는 영상과 당시 필자가 개명해드린 세 분 고객을 인터뷰한 결과, 건강 상태가 호전된 사실까지 방영되었다(2013년 1월 방영).

이렇듯 이름이 건강에 미치는 영향을 과학적으로 확인할 수 있었다. 필자가 명상하면서 이름 여러 개를 바꾸어 불렀더니 몸에서 느껴지는 반응이 달랐는데 이것을 확인하기 위해 다양한 장비로 장기간 실험을 진행한 결과에 의한 것이었다.

이후 2016년 MBN '황금알'에서도 방영되었는데 당시 개그우먼 팽현숙 씨가 개명 전 이름과 개명 후 이름을 부르며 각각 오라컴으로 측정한 결과, 개명한 이름이 원래 이름보다 건강한 상태로 변화시켰는데 예고편에는 방송되었지만 본 방송으로 방송되진 않았다. 당시만 해도 이름에 대한 과학적인 측정 결과를 방송으로 내보내는 데 부담이 있었으리라 추측한다. 2013년 TV조선에서는 실험 결과를 그대로 방영했지만 '황금알'에 당시 여러 명의 작명가와 역술인 등이 출연했지만 아무도 과학적인 발언을 하지 않았고 필자만 과학적인 실험을 진행해 제작진이 다른 출연진을 배려한 것으로 생각되었다. 방송에 나간 것은 이렇게 되었지만 연구소에서는 수많은 고객이 모두 개명 전후의 인체 변화를 다양한 장비로 측정하며 진행했다.

2015년에는 MBC 9시 뉴스 사회부에서 필자의 연구실을 내방해 이름으로 건강 상태를 변화시키는 내용을 취재했는데 때마침 그날이 광복절이어서 뉴스에 방영되지 못했다는 연락을 받았다.

요즘 많은 분들이 사용하는 갤럭시 위치에는 혈압까지 측정하는 의료기기 기능이 들어 있는데 이름을 바꾸어 불렀을 때의 혈압 변화까지 확인할 수 있다.

이름이 혈압에 미치는 영향

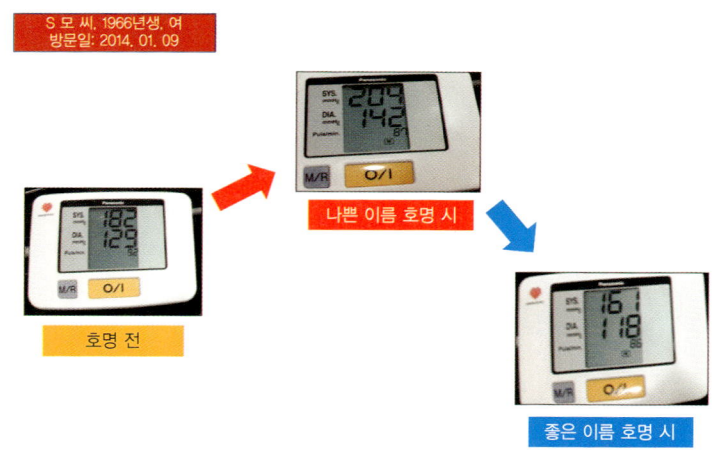

내 이름으로
성공할 수 있을까? _____

개명 전후 얼굴 온도 변화나 항산화 역량 변화 등은 기존 작명 이론으로는 도저히 설명할 수 없는 부분이다. 앞으로 이 같은 변화를 종합적으로 측정하면 더 정확한 데이터가 도출되고 분석되어 건강에 기여할 수 있을 것이다.

개명 전후 얼굴 체온 변화

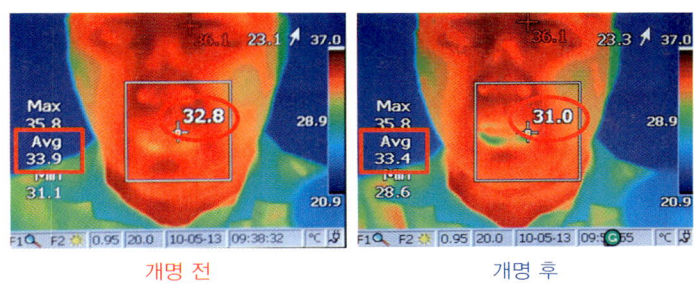

개명 전　　　　　　　개명 후

이름이 항산화 역량에 미치는 영향

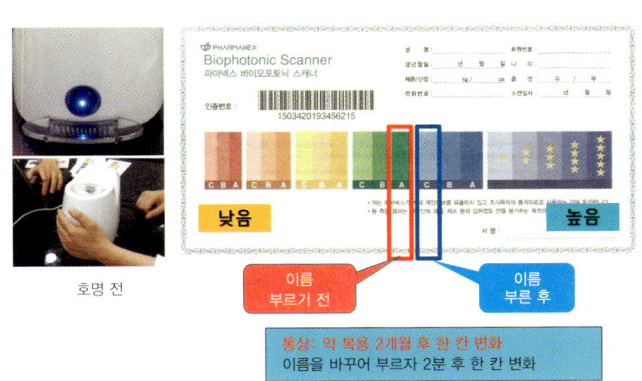

앞으로는 웨어러블 장비로 확인할 수 있는 범위가 더 다양해질 것이다. 또한, 스마트폰을 이용한 측정 방법도 더 과학화될 것이므로 이름이 인체에 미치는 영향을 확인해서 좋은 이름과 나쁜 이름을 가려내는 이름검진이 일반화되는 것은 시간문제로 보인다.

지금까지 81수리나 자원오행 등으로 이름을 풀이하고 설명하던 일본식 작명법이 과학적, 의학적 방식으로 변하게 될 것이다. 모든 현대인이 집에서 스스로 이 이름, 저 이름을 부르며 건강 상태를 확인하는 날이 오면 작명소에 가지 않고도 좋은 이름을 만들어 사용할 수 있을 것이다.

내 이름으로
성공할 수 있을까?

3-5
이름의 효과는 공명과 간섭

이름은 소리다. 글자가 없던 시절에도 이름은 있었다. 소리는 소리만의 특색이 있다. 이름이 글자라면 공명과 간섭은 일어나지 않지만 이름이 소리여서 나타나는 특색이 있는데 이 특색이 바로 공명과 간섭이다.

이름을 글자로 적은 것은 글자가 만들어지고 나서부터다. 글자가 없을 때는 적지 않고 그냥 부르기만 했다. 글자를 모르는 아기와 반려동물도 자기 이름을 알아듣는 것을 보면 이름이 소리라는 것을 알 수 있다. 이름이 글자라면 이름을 부를 때마다 글자로 적어 보여야 하지만 우리는 그냥 소리로 부른다. 이름이 글자라면 글자를 모르는 아기와 반려동물은 알아듣지 못해야 한다.

소리는 에너지이며 이 에너지가 주파수 형태로 전달되므로 주파수를 보면 소리의 내용을 알 수 있다. 따라서 자연적인 소리나 인공적인 소리 모두 프로그램을 통해 확인해서 시각화할 수 있다.

다음 그림에서 천둥소리, 대중가요. 클래식 연주곡, 사람 이름을 부를 때 소리의 주파수를 확인해보면 파형이 모두 다르다는 것을 알 수 있다.

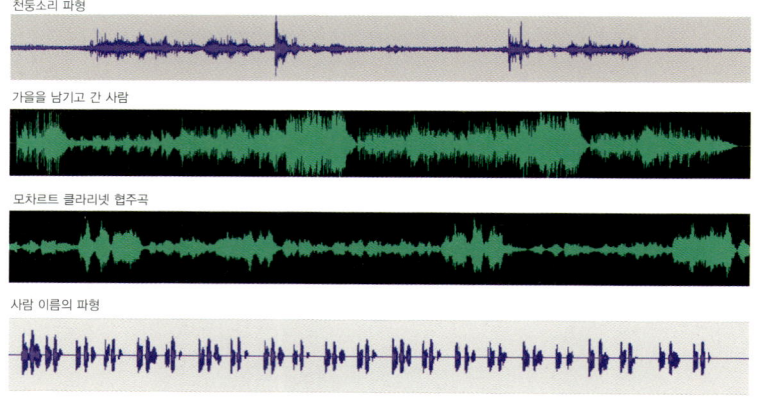

소리의 파형

이름을 부르는 소리는 모든 이름이 다른 모양이고 같은 이름도 부르는 사람이 다르면 목소리가 다르고 미치는 효과도 다르다. 엄마가 부르는 것과 아빠가 부르는 것을 구별할 수 있는 것은 목소리가 다르기 때문이다. 이 같은 분석은 작명가들이 획수가 같으면 이름의 힘도 같다는 분석이 얼마나 비논리적인지를 보여준다.

동일인의 다른 이름을 불렀을 때의 파형 차이

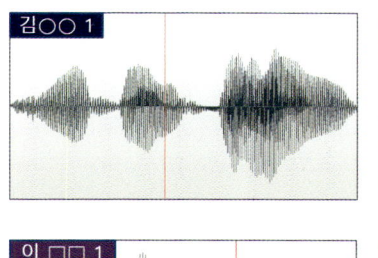
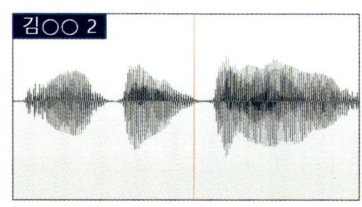
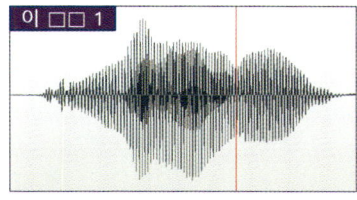
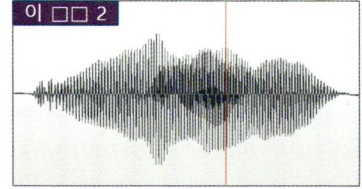

'소리는 귀로 듣는 것이다'라는 고정관념에서 벗어나 '소리를 눈으로 볼 수 있다'라고 생각하면 소리에 대한 관념이 달라질 것이다. 소리를 보는 방법은 너무나 많다. 주파수 형태를 확인하는 다양한 프로그램 덕분에 소리를 내며 그 소리의 파형을 분석해보면 이름의 형태를 구분할 수 있다. 이 같은 이름의 소리가 우리의 심신에 좋은 결과나 나쁜 결과를 가져오는 것이다.

이름은 운에 영향을 미친다는데 이름과 운의 연결고리는 무엇일까? 좋은 영향을 미치면 좋은 이름이고 나쁜 영향을 미치면 나쁜 이름이다. 따라서 좋은 이름과 나쁜 이름은 이름의 주파수가 우리 몸과 마음에 미치는 영향을 보면 알 수 있다. 81수리에 나온 내용을 검증해보면 나쁜 이름인데도 잘 살기만 하는 사람들이 많다. 이것은 이론이 틀렸다는 증거다.

이름이 우리 뇌와 심장에 영향을 미친다는 것은 『과학과 의학으로 밝혀본 이름의 힘』에서 이미 밝혔다. 뇌와 심장에 영향을 미치면 몸과 마음에도 영향을 미친다. 몸과 마음에 영향을 미치면 운(運)에도 영향을 미친다. 이름을 부를 때의 소리가 우리 몸의 특정 부위에 영향을 미치기 때문이다. 그 영향은 공명과 간섭의 형태로 나타난다.

공명은 '함께 울리다'라는 뜻이다. A가 내는 주파수를 떨어져 있는 B가 같은 주파수로 울리는 것이다. 우리가 학교에서 소리굽쇠를 이용해 배우는 공명은 A가 $300Hz$로 울리면 B도 같은 주파수로 울린다. 소리굽쇠는 두드리면 일정한 소리가 나므로 소리굽쇠만의 고유한 소리가 난다. 이 같은 현상은 주파수가 같은 물질 사이에서 일어난다. 따라서 재질이 같은 소리굽쇠끼리는 공명현상이 일어나지만 재질이 다르면 공명현상은 일어나지 않는다.

엄마의 심장과 아기의 심장박동 사이에 공명이 일어나는 것은 아기가 엄마 뱃속에서 10개월 동안 듣고 자란 소리가 바로 이 소리여서 아기가 엄마의 심장박동에 길들여져 있기 때문이다. 엄마가 아기 이름을 부를 때 엄마의 심신에 영향을 미치는 것은 너무나 당연한데 이 소리에너지가 아기에게까지 영향을 미치는 것은 엄마의 심장박동 에너지가 $3m$까지 전달되기 때문이다.

심장에서 발생하는 에너지의 패턴과 질은 심장의 전자기장을 통해 온몸 곳곳으로 보내진다. 핸드폰과 라디오가 전자기장을 통해 정보를 전달하는 것과 같이 최근 연구에서 일부 과학자들은 심장에서 발생하는 전자기장을 통해 유사한 정보전달 과정이 일어난다고 주장했다. 심장의 전자기장은 인체에서 일어나는 전자기장 중 가장 강력하다. 뇌에서 발생하는 전자기장의 강도보다 5천 배나 높다. 심장의 전자기장은 신체의 모든 세포로 퍼질 뿐만 아니라 우리 신체의 바깥 사방으로 퍼진다. 그것을 마그네토미터라는 민감한 탐지기로 2.5~3m 떨어진 곳에서 측정할 수 있다.[8]

이 연구로 심장의 전자기장이 3m 밖까지 영향을 미친다는 것을 알 수 있는데 이름을 부를 때 에너지는 3.74m 까지 영향을 미친다는 것을 확인할 수 있다. 이 측정은 1950년대 미국에서 300개 이상의 유전을 찾아낸 유명한 다우저 베르네 L. 카메론[9]이 30년 동안 연구해 발명한 오라미터로 확인한 것이다.

개명 전후 생체 자기장의 변화

번호	성명	개명 전 (cm)	개명 후 (cm)	증감 (배)	비고
1	구○○	30	360		
2	박○○	17	390		
3	박○○	48	378		
4	정○○	26	385		한자만 개명
5	최○○	20	302		

---

8) 딕 칠드리, 하워드 마틴 지음, 『스트레스 솔루션』 들녘미디어, 76쪽
9) 1896. 8. 16일생, 아이오와 태생

6	장○○	25	358		
7	정○○	22	386		
8	권○○	20	380		
9	황○○	28	390		
10	이○○	25	389		
11	구○○	29	400		
12	황○○	27	410		
13	신○○	25	310		
14	박○○	30	386		
15	이○○	28	355		
16	하○○	25	400		
17	김○○	43	382		
18	홍○○	23	370		한자만 개명
19	김○○	10	350		
20	신○○	18	394		
평 균		26	374	14.4배	

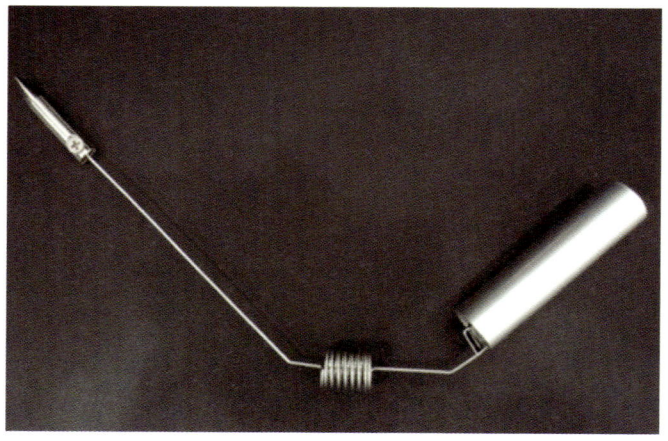

내 이름으로
성공할 수 있을까?

아기 이름이 엄마와 아기에게 공명을 일으키는 것은 엄마와 아기의 심장이 같은 주파수에 반응하기 때문이다. 심장박동 에너지는 $3m$까지 영향을 미치는데 엄마와 아기가 $3m$ 안에 있어 서로 영향을 주고받는다. 엄마가 아기 이름을 부를 때 엄마의 성대에서 만들어진 에너지가 아기에게 전달되는 직접적인 방식 외에도 엄마의 심장박동에서 나오는 에너지가 아기의 심장박동과 공명을 일으키는 것이다.

엄마와 아기의 심장박동 공명

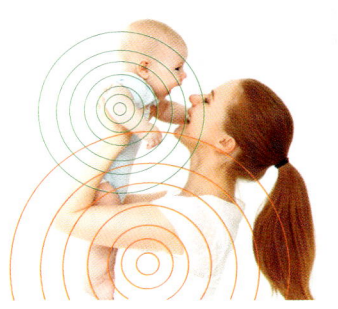

엄마의 심장과 아기의 심장은 한 뼘 거리

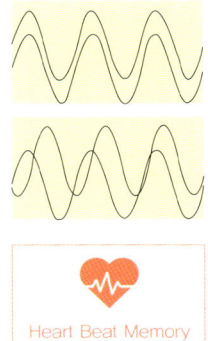
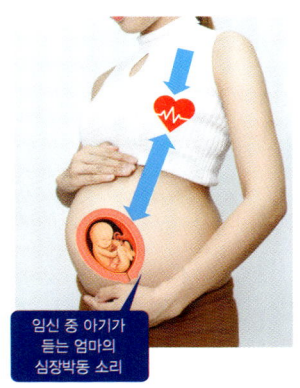

이 같은 영향이 생기는 이유는 우리 심장에서 발생하는 에너지가 $3m$ 까지 영향을 미친다는 연구로 알 수 있다. 아기는 엄마 뱃속에서 280일 동안 엄마의 심장박동 소리를 들으며 성장한다. 이 소리는 아기의 기본 주파수를 형성하는 동시에 아기를 가장 편안한 상태로 만들어주는 주파수다. 아기가 엄마에게서 느끼는 편안함은 바로 이 주파수가 계속 전달되어 일으키는 공명에서 얻는 심리적, 육체적 편안함의 근원이다.

아기 이름을 부를 때 엄마와 아기에게 미치는 영향

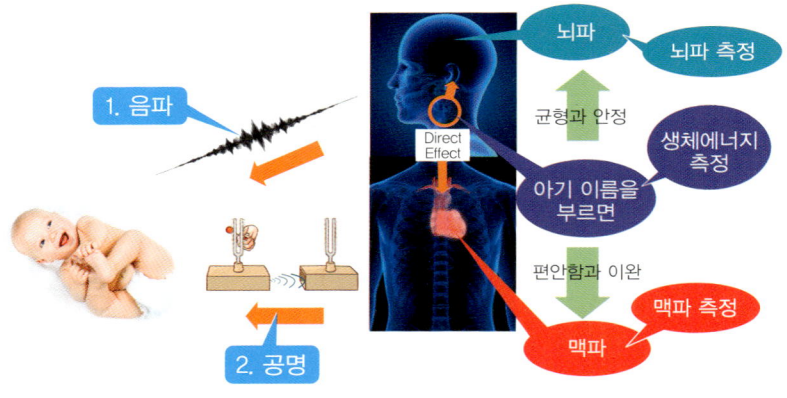

엄마의 편안함은 아기의 편안함으로 연결되는데 아기의 편안함은 아기의 정서적 안정의 기반이 된다. 엄마의 심장이 편안하게 박동하면 아기도 편안함을 느끼는데 엄마의 심장이 불안한 박동으로 바뀌면 아기도 그 영향을 받아 불안감을 갖게 된다. 이 같은 영향이 아기의 정서발달에 영향을 미친다고 볼 수 있다.

주파수의 간섭효과에는 보강간섭과 소멸간섭이 있다. 보강간섭은 같은 위상의 두 파동이 중첩될 때 마루와 마루 또는 골과 골이 만나 합성파의 진폭이 두 배로 커지는 현상이고 소멸간섭 또는 상쇄간섭은 반대 위상의 두 파동이 중첩될 때 마루와 골이 만나 합성파의 진폭이 사라지는 간섭이다.

주파수의 보강 및 소멸

성대에서 발생하는 음성 주파수의 강도는 의외로 강해 뇌파와 심장박동 주파수[맥파]에 영향을 미치는데 이때 생기는 효과가 주파수의 간섭이다. 보강간섭은 이름을 부를 때 본인의 음성 주파수와 심장 주파수의 상호 보강효과가 발생해 확장효과를 가져오며 소멸간섭은 맞부딪쳐 주파수의 힘을 감소시킨다. 이 결과는 전체 에너지의 향상과 저하를 가져온다.

이름에너지와 심장박동의 관계

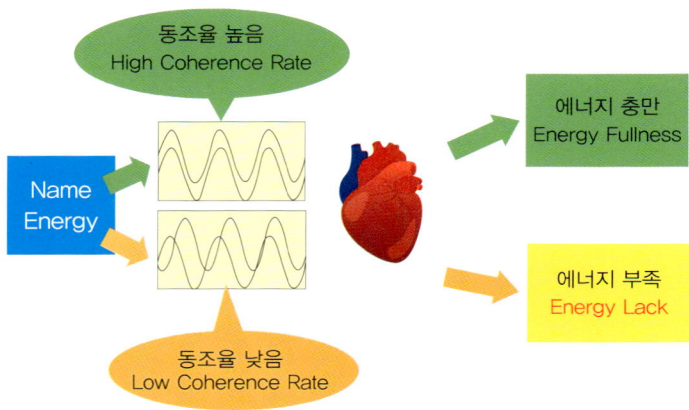

　이렇게 미치는 공명과 간섭은 엄마와 아기에게 가장 큰 영향을 미친다. 이것은 이름을 부를 때 심장박동 상태를 확인해보면 알 수 있는데 이 에너지는 뇌에도 영향을 미친다.

　좋은 이름과 자녀 성적의 관계는 단시간에 확인할 수 있다. 이름을 바꿔주고 성적에 미치는 영향을 확인해보면 성적이 2~3점 올라간다. 아기 이름이 뇌세포에 미치는 영향과 엄마가 아기 이름을 부를 때 엄마의 심장박동 상태를 확인하는 연구를 해보면 틀림없이 상관관계가 밝혀질 것이다. 이름을 부를 때 뇌와 심장에 미치는 영향은 상당히 크다.

좋은 이름과 나쁜 이름의 심장박동 변화

나쁜 이름을 불렀을 때의 심장박동

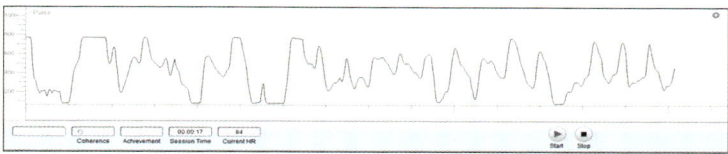

좋은 이름을 불렀을 때의 심장박동

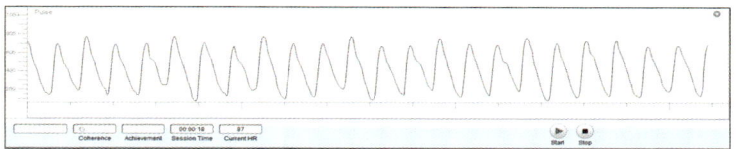

　지금까지 아무도 이 연구를 하지 않아서 모르고 있는데 연구한다면 반드시 명확한 해답을 도출할 수 있는 범위에 와 있다고 할 수 있다. 과학과 의학을 사용해 이름을 연구하다 보면 너무나 당연하고 상식적인 지식이 이름으로부터 멀어져 있음을 알게 된다.

　MRI(자기공명영상장치) 등에 사용되는 원리가 공명이다. 이 같은 원리가 이름과 우리 몸에서 일어나고 있는데 지금까지 우리가 몰랐던 이유는 과학적 검증에 소홀했기 때문이다.

3-6 컴퓨터, 수퍼컴퓨터, 양자컴퓨터, 그리고 사주와 작명

'두 살짜리 인공지능, 5천 년 인간 바둑을 뛰어넘다.'

2016년 3월 9일 서울 광화문 포시즌스호텔에서 열린 구글 딥마인드의 인공지능 바둑 프로그램 '알파고'와 이세돌(33세) 9단의 5번기 제1국에서 백을 쥔 알파고가 186수 만에 이 9단을 불계로 누르고 첫 승을 올렸다. 이날 알파고는 기계답지 않은 명석함으로 이 9단이 완승하리라던 국내 바둑계의 지배적 예상을 뒤엎고 기선을 제압했다. 2015년 10월 알파고가 프로 2단인 유럽 챔피언 판후이를 5대0으로 제압해 이 9단과의 대결이 이루어졌다.[10]

---

10) https://archive.chosun.com/pdf/i_service/read_pdf_s.jsp?VIEW=1&PDF=20160310A01JH1&Y=2016&M=03

인공지능이 인간의 지능을 추월하더라도 인간이 끝까지 승리하리라 예상한 분야가 바둑이었지만 알파고는 이 희망을 무참히 깼다. 3년 후인 2019년 구글이 개발한 양자컴퓨터는 기존 수퍼컴퓨터가 1만 년 동안 풀어야 할 문제를 200초 만에 해결했다고 발표했다. 양자컴퓨터는 바둑을 두기도 전에 인간을 이길 수 있을까?

1944년 하버드대 에이킨 교수가 IBM의 후원으로 Mark-1을 개발한 이후 100년도 안 되어 컴퓨터 성능은 인간의 상상을 뛰어넘고 있다. 이같은 컴퓨터는 우리 생활 전반에 상상을 초월하는 대변화를 가져오고 있으며 기계가 인간을 이길 수도 있다는 우려가 현실로 나타나고 있다.

인공지능이 인간을 지배하는 세상은 오지 않으리라던 낙관적 기대가 비관적으로 바뀔 가능성이 커 보인다. 이렇게 단 2년 만에 급변에 급변을 거듭하는 것이 우리 세상이다. 그런데 오래전 사망한 구마사키 겐오의 작명법이 지금까지 우리나라 작명가들의 작명법이다. 구마사키가 죽은 지 61년, 해방된 지 78년이 되도록 구마사키의 유령이 우리나라 작명계를 일본식으로 세뇌시켜 아직도 81수리가 작명의 헌법처럼 군림하고 있는 것이다.

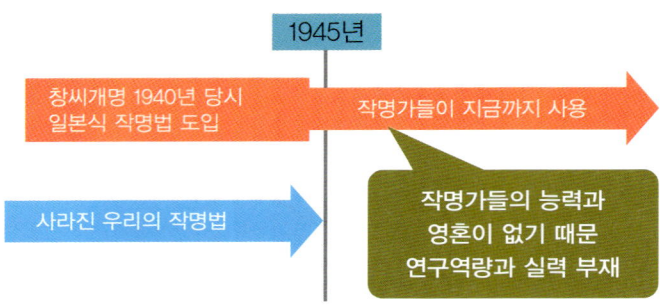

컴퓨터 세계에서는 2년 만에 상상을 초월하는 일들이 벌어지는데 작명가들의 세계에서는 왜 80년이 다 되도록 일제의 유령이 멀쩡하게 군림하는 것일까? 우리나라 작명가들의 영혼이 없기 때문이다. 정신나간 자들이 작명을 하기 때문이다. 제정신이라면 있을 수 없는 일이 작명판에서만 비일비재한 것은 작명가들이 정신을 못 차렸기 때문이다. 하지만 그들만의 책임이라고 할 수 없는 것은 우리 엄마들이 자녀들의 이름에 대해 긴장하지 않고 살고 있기 때문이다.

작명가들에게 작명사기를 당하면서도 내 아이의 이름을 무엇으로 만드는지 아무도 확인할 생각을 안했다는 것은 앞으로도 더 속아야 한다는 것을 말해준다. 멀쩡한 엄마들이 멀쩡하지 않은 작명가들에게 속은 것은 엄마들에게 결정적인 약점이 있기 때문이다. 바로 모성애다. 작명 사기꾼들이 작명 독침으로 엄마들의 모성애를 협박하자마자 엄마들의 이성이 마비된다는 것을 너무나 잘 알기 때문이다.

내 이름으로
성공할 수 있을까? _____

'그 이름 쓰면 공부 못하는데….'
'그 이름 쓰면 이혼하는데….'
'그 글자 불용문자인데….'
'그 이름 오행이 안 맞아 부모자식 간 불화가 생길 텐데….'

이와 비슷한 말 한마디면 속없는 엄마들은 마취주사를 맞은 쥐처럼 순식간에 이성이 마비된다. '안 그래도 우리 아이가 공부를 안 해 머리가 터질 지경인데 이름 때문이라니…. 당장 이름을 바꿔서라도 공부를 잘하게 해야지.' 하지만 공부 못하는 게 이름 때문일까? 이름이 어떻게 작용해 공부를 못하는 것인지 물어볼 생각은 안 하고 바로 작명가에게서 새 이름 몇 개를 받아 마음에 드는 하나를 골라 법원에 개명신청을 해버린다.

한끼 먹을 반찬을 살 때도 유해성분이나 중성지방 등이 들었는지는 철저히 따지면서 사랑하는 자녀가 평생 사용할 이름을 받으면서 그것이 무엇으로 만들어졌는지 물어보지도 않는다. 엄마들의 수준이 왜 이렇게 되었을까? 엄마가 어리석으면 자식도 똑똑할 수 없다. 자식이 평생 사용할 이름을 지으면서 분별력이 없어 사이비 작명가로부터 일본식 이름을 받을 정도라면 다른 일들은 안 봐도 뻔하다.

좋은 이름은 건강에도 좋고 운도 좋게 하는 이름으로 한자의 획수를 따지는 구식 이론으로는 만들 수 없다. 81수리는 사실상 우리와 전혀 상관없는 속임수이기 때문이다. 하지만 이런 속임수가 통할 날도 얼마 남지 않았다. 이름검진이 활성화되면 좋은 이름과 나쁜 이름을 스마트폰이나 몸에 착용한 계측기기로 금방 확인할 수 있기 때문이다.

　이름은 1분만 불러보면 내 몸과 마음에 영향을 미친다. 하지만 이 같은 이치를 작명가들만 모르고 있다. 컴퓨터는 고객의 이름을 만들어 이메일이나 보내라고 있는 것이 아니다. 고객의 이름을 만들 때도 컴퓨터를 사용해 좋은 이름인지 나쁜 이름인지 확인해서 제공해야 한다. 나쁜 이름을 주지 않도록 하라고 있는 것이다.

　작명가들이 이름을 만들어 제공하는 과정에서 컴퓨터를 사용할 줄 모르는 것은 그럴만한 실력이 없기 때문이다. 그래서 작명소에 가면 연필과 종이만 있다. 이름은 연필과 종이가 아닌 컴퓨터 등 최신 장비로 만들어 확인해 제공하는 것이다. 컴퓨터와 프로그램은 이름이 고객에게 좋은 영향을 미치는지 나쁜 영향을 미치는지 확인하라고 있는 것이다. 아는 것과 실천하는 것이 다르면 세상을 정확히 볼 수 없다. 이 세상은 아는 만큼만 보인다. 컴퓨터를 주어도 사용할 줄 모르는 작명가와 컴퓨터와 각종 장비를 사용해서 이름을 만들어 제공하는 이름치료사는 그런 면에서 다르다.

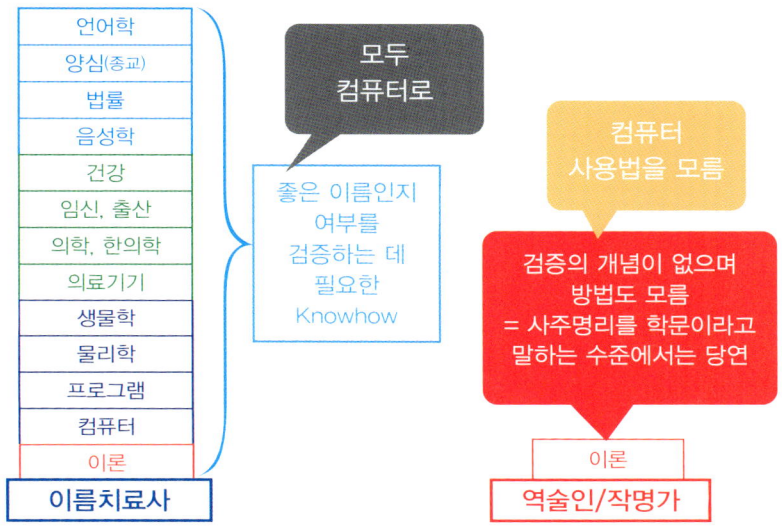

작명소에 가면 책상 위에 연필과 종이만 있는지, 각종 계측기기가 있는지부터 살펴보아야 한다. 연필과 종이만 있다면 컴퓨터를 사용할 줄 모르는 작명가다. 이름을 만들어 제공할 때 컴퓨터를 사용하지 않는다면 현대적 지식이 없는 작명가다.

일단 사주에 부족한 것을 이름으로 채운다고 한다면 작명할 자격이 없다는 증거다. 사주에 부족한 것은 절대로 이름으로 채울 수 없다. 이름은 소리이고 사주는 시간인데 보완재나 대체재가 아닌 소리와 글자가 어떻게 부족한 부분을 채울 수 있다는 말인가? 그들 주장대로라면 이름은 24시간 같은 오행이고 시간은 계속 변하므로 상생·상극이 24시간

내내 계속되는데 어떻게 좋은 이름을 만들 수 있는지 물어보라. 이것을 물어보지 못한다면 자녀는 물론 본인도 좋은 이름을 가질 수 없다. 따질 것은 따지고 물어볼 것은 물어보는 엄마가 본인도 좋은 이름을 갖고 자녀에게도 좋은 이름을 줄 수 있다. 작명가뿐만 아니라 본인도 좋은 이름을 만들 수 있다.

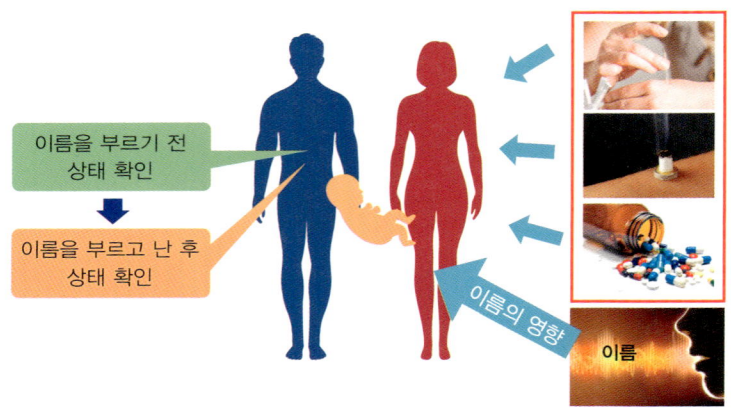

엄마 아빠가 자녀의 이름을 만들었다면 이름검진으로 좋은 이름을 고르면 된다. 작명가가 만든 이름도 좋은 이름 비율은 약 20%다. 컴퓨터의 계측장비는 좋은 이름, 나쁜 이름을 고를 수 있는 가장 확실한 도구다. 앞으로 수퍼컴퓨터를 손목에 차고 다니게 되면 작명가나 역술인이라는 직업은 사라질 것이다. 손목에 찬 장비로 매일 자신의 컨디션을 수시로 체크해 그 시간에 필요한 소리에너지를 공급해주는 장비가 개발될 것이기 때문이다.

'황금알' 출연 당시 저자의 명찰

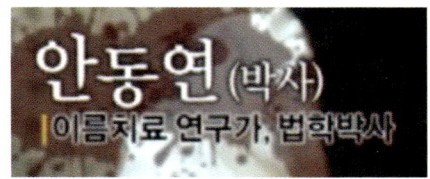

'TV조선' 출연 당시 저자 소개자료

작명이 아닌 이름치료라는 용어를 사용하는 것은 이름으로 치료까지 할 수 있다는 것을 밝히고 그 방법으로 이름을 만들어 제공하기 때문이다. 그래서 이름치료사들은 책상 위에 항상 컴퓨터와 계측기기가 있다. 고객에게서 확인하지 않고는 이름을 드리지 못하므로 반드시 내방해달라는 안내를 하는데 조만간 원격 이름검진이 가능한 장비가 도입되면 내방하지 않고도 이름검진과 제공이 가능할 것이다. 컴퓨터와 생체에너지 계측장비는 정말 좋은 이름인지 확인하는 용도로 반드시 갖추어야 할 장비다. 이름치료가 문화관광부, 한국콘텐츠진흥원의 창작 소재로 선정된 것은 그동안 아무도 하지 못한 과학적 이름 검증을 했기 때문이다.

문화관광부, 한국콘텐츠진흥원 주관 이름치료 강의

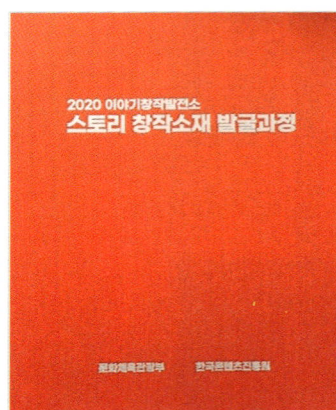

한류 콘텐츠 발전 및 확산
문화콘텐츠 해외진출 증가
및 한류콘텐츠 경쟁력 증대

글로벌 킬러콘텐츠 발굴
참신하고 경쟁력 있는 드라마, 영화,
애니메이션, 공연, 만화, 웹콘텐츠 제작 증대

안 동 연 | 두원네임컨설팅 연구소장
한국호칭예너지학회 수석부회장 · 법학박사
- 경찰대 법학과 교수
- 경찰청 사이버테러대응센터 기법개발실장
- 행정자치부 국가재난관리시스템기획단 총괄조정반
- 청와대 비서실 정보보안사업 심사위원

저서
〈과학과 의학으로 밝혀 본 이름의 힘〉

내 이름으로
성공할 수 있을까? _____

Chapter 4

4-1 이병철 회장과 숫자, 그리고 관상

다음은 유석재 기자가 쓴, 이상우 전 한림대 총장의 회고록 내용이다.

파란색 비닐우산을 들고 회장실로 들어가니 이병철 회장이 기다리고 있었다.

"이 박사, 반갑소. 여쭤볼 것이 있어 모셨어요."

"북한의 논 단보(991.74㎡)당 쌀생산량이 얼마나 됩니까? 자료를 아무리 찾아봐도 나오질 않네요."

"확실하진 않지만 우리나라가 약 300㎏이고 북한은 비료가 부족하고 관개시설도 제대로 안 되어 있어 우리의 절반가량일 겁니다."

"아, 그렇군요."

"그런데 이 숫자에 왜 관심이 있으신 겁니까?"

그러자 이병철 회장은 정색하더니 이렇게 대답했답니다.

"이 박사, 잘 들으시오. 앞으로 남북관계는 이 숫자로 판가름날 겁니다."

지나고 보니 이 회장의 대답이 참으로 탁견이었답니다. 김일성이 한국 수준으로 북한 주민에게 안정적으로 식량을 공급해 '이밥에 고깃국'을 먹일 수 있다면 어떻게 되겠느냐는 말이죠. 인민을 통제할 수 있게 되면 여유 있게 한국을 압박할 거라는 주장입니다.

젊은 이상우 이사장은 여기서 문득 당돌한 질문을 했답니다. "회장님께서는 한국에서 가장 성공한 기업인으로 지금까지 이루신 자산으로 무엇을 하실 겁니까?"

그러자 이병철 회장은 조금도 주저 없이 대답했답니다.

"여생은 21세기 한국 국민이 먹고 살 산업의 기초를 닦는 데 바칠 생각이오. 오랜 검토 끝에… 두 가지를 생각했습니다."

"그게 뭡니까?"

"전자산업과 항공업입니다."

그야말로 '기업활동으로 나라에 보답한다'라는 사업보국(事業報國)의 정신이었습니다. 40년 이상 흐른 오늘날 이병철 회장의 꿈은 절반만 거의 완벽히 이룬 셈입니다. 그 바탕에는 먼 미래를 내다보는 창업자의 안목이 있었다고 이상우 이사장은 말했습니다. 지금 삼성그룹 총수가 된 손자가 다시 한번 꼭 되새겨봐야 할 일화라고 생각합니다.[1]

---

[1] https://www.chosun.com/culture-life/relion-academia/2022/09/02/BIDQNZJYS5G6NIQOCHTCIGGGWQ/

이병철 회장이 면접을 볼 때 한 관상가가 배석했다는 이야기가 있다. 이 회장은 그 관상가의 조언을 얼마나 참고했을까? 이 회장과 관상가 중 누구의 관상 실력이 앞섰을까?

이 회장은 세계 경제와 국내경제, 모든 산업과 나라의 앞날을 내다보고 그 안에서 삼성그룹의 목표를 설정했다. 필자는 삼성그룹 면접에 관상가가 배석했다는 이야기를 들을 때마다 이 회장이 얼마나 참고했을지 짐작할 수 있다. 지원자의 성적, 품행, 장래성 등 담당자들의 모든 자료를 검토하고 자신만의 시각에서 면접을 보며 관상가의 의견은 수백 명의 의견 중 하나로 들었을 것이다. 이 회장은 지원자들 면접과 동시에 관상가의 실력도 평가했을 것이다. 관상가보다 더 실력 있는 분이 이 회장이었기 때문이다.

이 세상을 모든 면에서 통찰해온 이 회장의 관상보는 실력이 관상가보다 낮을 거라고 상상하기는 어렵다. 무슨 면이든 도가 통하면 모든 것을 꿰뚫어보는 시각이 일맥상통한다. 사업으로 세상을 내다보는 탁견을 가진 이 회장은 당연히 어느 전문가보다 멀리 내다보고 깊이 생각했을 것이다. 관상가가 관상을 볼 때 실수할 확률이 이 회장보다 훨씬 높을 것이다.

관상가는 관상만 보지만 이 회장은 관상 이상의 모든 것을 통찰하는 눈을 가졌다. 나라를 위해 경제를 일으킨 이 회장의 경지와 관상에서 끝난 관상가의 수준은 천지 차이다. 내다보는 것도 그런 것이다. 남북한의

쌀생산량은 관상으로는 도저히 나올 수 없다. 김일성, 김정일, 김정은의 관상을 볼 것인지, 북한 모든 농민들의 관상을 볼 것인지에 따라 답이 다를 것이다.

이병철 회장은 전 세계 모든 분야에 통달한 분이다. 전반적인 통달은 통찰로 이어지고 통찰에 직관이 더해지면 도통의 경지에 오른다. 관상가는 뛰어나봤자 관상에서 끝나지만 이 회장은 관상은 물론 관상이 만들어지는 원인적 부분과 결과까지 관상가를 능가하는 노하우를 가졌다는 것을 일반인들은 잘 모른다. 그래서 관상가에게 속는 것이다. 관상가가 이 회장보다 관상을 더 잘 볼 거라는 상상은 순진한 생각이다.

사업은 관상이나 사주만으로 하는 게 아니다. 종합적인 시각이 없으면 어수룩한 동양철학의 제물이 될 수밖에 없는 것은 모든 것을 두루 보는 안목이 없기 때문이다. 지금까지 관상에서 가장 괄목할 발전을 이룬 나라는 중국이다. 중국의 안면인식 프로그램은 세계 최고 수준에 이르렀다. 이 안면인식 프로그램으로 수만 명이 모인 경기장에서 한 좌석에 앉은 자의 신원을 밝혀내 곧바로 검거할 정도다.

'톈왕공정(天網工程)'이라는 프로그램은 중국 공안 당국이 2천만 대의 인공지능 감시카메라로 관리하는 범죄용의자 추적시스템으로 '하늘의 그물'이라는 뜻이다. 움직이는 사물과 사람을 추적해 판별하는 인공지능 CCTV에는 위성 위치확인 시스템(GPS), 안면인식 장치 등이 탑재되어 있고 이 CCTV에는 범죄용의자 데이터베이스가 연결되어 있다.[2]

소름끼치도록 무서운 중국 공산당의 '톈왕(天網)' 시스템은 얼굴인식 기술이 핵심이다. 세계 최고의 얼굴인식 기술을 보유한 이투(依圖)테크놀로지, 센스타임(商湯科技, Sensetime), 쾅스(曠視)하이테크 등의 중국 과학기술 기업들은 모두 화웨이와의 긴밀한 협력을 통해 '톈왕공정'에 깊이 관여하고 있다. '톈왕'의 감시효과는 전 세계를 충격에 빠뜨린 동시에 중국인들에게 더 큰 두려움을 심어주었다. '톈왕'의 감시카메라가 범죄용의자보다 일반 민중을 더 많이 겨냥한다는 사실이 입증되었기 때문이다.[3]

4)   5)

---

2) https://terms.naver.com/entry.naver?docId=4337162&cid=43667&categoryId=43667

3) https://kr.theepochtimes.com/%ED%99%94%EC%9B%A8%EC%9D%B4-%E4%B8%AD%EA%B0%90%EC%8B%9C%EC%8B%9C%EC%8A%A4%ED%85%9C-%ED%86%88%EC%99%95-%EA%B5%AC%EC%B6%95%EC%97%90-%EC%A3%BC%EB%8F%84%EC%A0%81%EC%9C%BC%EB%A1%9C_503151.html

4) https://bemil.chosun.com/nbrd/bbs/view.html?b_bbs_id=10129&num=12054

5) https://news.sbs.co.kr/news/endPage.do?news_id=N1004696790

베이징 시내 한 도로. 한낮인데도 차량이 지나갈 때마다 조명이 터진다. 카메라가 사진을 찍는 것이다. 오토바이, 자전거, 사람이 지나가도 조명이 터진다. 교통법규 위반단속용이 아니라 보행자들의 정보를 수집하는 것이다. 이곳은 MBC 베이징 지국이 있는 건물 앞으로 반경 50m내 CCTV를 직접 확인해보니 인도 위, 건물 출입구, 눈에 보이는 것만 25대나 되었다. 이 같은 카메라는 중국 공안의 범죄자 추적시스템 '톈왕'에 이용된다. '톈왕'은 안면인식이 가능한 인공지능 카메라를 경찰 데이터베이스와 연결해 범죄자를 추적하는 방식으로 반체제 인사를 감시·통제하는 데 악용될 수 있다는 우려가 꾸준히 제기되어 왔다. 최근 감시망 확산 속도도 급속히 빨라져 5년 전 2천만 대 수준이던 카메라 수는 현재 5억 대 이상으로 증가한 것으로 알려졌다.

"중국은 이미 세계 최대 규모의 영상감시망을 구축해 2천만 대가 넘는 카메라를 보유 중이며…"

아예 사람들 내면의 사상과 마음 상태까지 수치화하려는 시도도 생겨났다. 허페이 국가과학센터가 만든 '스마트 사상 정치방' 컴퓨터 화면에 중국 공산당의 사상교육 콘텐츠가 떠 있다. 인공지능은 교육생들의 시선과 얼굴 표정, 뇌파 등을 분석해 사상교육을 얼마나 적극적으로 받아들이는지 파악하는 근거로 활용된다. 사실상 공산당에 대한 충성심 테스트다.[6]

---

6) https://imnews.imbc.com/replay/2022/nwdesk/article/6387130_35744.html

어떤 관상가가 현대판 빅브라더인 톈왕을 능가하는 실력을 가졌다는 객관적 데이터를 제시할 수만 있다면 관상 분야에서 최고라고 할 수 있을 것이다. 관상에 정말 자신이 있다면 관상을 보고 어떤 범죄용의자인지 톈왕보다 더 정확히 알아맞힐 수 있어야 한다. 그러지 않고 이러쿵저러쿵 변명만 늘어놓는다면 관상본다는 말을 안 하는 게 낫다.

이제 주관적인 인간의 시각에서 특정 사안을 판단하던 시대는 종말을 고하고 있다. 관상가의 주관이 개입하는 수준의 1인칭 데이터로 톈왕을 능가하는 실력을 발휘하기는 완전히 불가능하다.

오늘날 삼성그룹이 관상으로 공채 합격자 면접을 본다면 톈왕을 능가하는 시스템을 구비해놓고 입구에서부터 생김새는 물론 걸음걸이까지 분석해 합격 여부를 판단하는 자료를 제공할 것이다. 인공지능이 인간의 기능을 보조하는 시대를 넘어 인공지능이 주가 되고 인간이 보조 업무를 담당하는 시대로 바뀌고 있다.

관상은 이제 중국에서 데이터를 구매만 하면 당사자의 얼굴과 행동에서 읽어낼 수 있는 결과를 얼마든지 알아낼 수 있다. 수억 명의 자료가 입력된 컴퓨터로 얼굴 생김새는 물론 각종 범죄자료, 금융거래 내역까지 들여다보고 종합적으로 분석해 결과를 읽어내는 프로그램을 인간이 무슨 수로 당해내겠는가? 이제 개개인의 운명도 수억 수십억 명의 데이터를 입력·분석·수치화한 자료로 읽어내는 시대가 되어가고 있다.

이름을 부를 때 뇌와 심장의 반응을 확인해 좋은 이름과 나쁜 이름을 구별하는 기술이 작명가를 대신하면 획수나 오행으로 이 이름으로 살면 어떤 운명이 될 것이라고 말하는 일본식 작명법이나 출산시간으로 사주를 본다는 역술인들이 뒤안길로 사라질 날이 머지않았다.

4-2 이름이 사주를 보충한다면 사주가 같으면 이름도 같아야 할까?

역술인들은 사주에 부족한 것을 이름으로 채운다고 말한다. 사주명리를 근거로 하는 작명가의 100%가 이 논리를 내세운다. 이 말을 들은 대부분의 엄마들이 이름은 이렇게 만들어야 하는 것으로 알고 있다. 그래서 이름은 당연히 사주를 볼 줄 알아야 만들 수 있고 그래서 역술인이 작명해야 하는 것으로 알고 있다.

1년(하루 12시×1년 365일=4,380)이면 4,380가지 사주가 나온다. 이름도 이 숫자에 따라 만들어지므로 성씨별로 4,380가지 스타일만 있으면 된다. 그것도 획수가 같은 성씨는 같은 이름을 만들면 되므로 많이 줄어들 것이다. 이렇게 된다면 누군가가 미리 만들어 놓은 이름을 사주(시간)에 따라 분류해놓고 그 이름 중에서 2020년 2월 2일 子시에 태어난 아기가 목이 부족하다면 이름 중에서 목을 보충하는 이름을 고르면 된다.

이 프로그램을 인공지능으로 작동시키면 현재의 작명가들보다 훨씬 빠르고 정확히 고를 수 있다. 작명가에게 의뢰할 필요도 없이 프로그램으로 2020년 2월 1일 자시에 출생했다면 그 오행에 필요한 이름을 주면 된다는 것이 사주를 보충해주는 이름이다.

1년 중 사주를 보충해주는 이름 유형

시간	일수	이름 수	비고
하루 12시	하루 12시	12가지 스타일의 이름	
하루 12시	한 달 30일	12×30=360가지 스타일의 이름	
하루 12시	1년 365일	12×365=4,380가지 스타일의 이름	한 가지 스타일에서 여러 개의 이름이 나온다.

이렇게 생각하면 이름 만들기는 매우 간단하다. 역술인들이 복잡하다고 말하는 것은 사주와 이름을 모르기 때문이다. 사실 역술인들이 말하는 음양오행과 인체는 거의 관련이 없다. 상관있다고 생각하는 것은 확인해보지 않았기 때문이다.

사주는 원래 상상의 산물이다 보니 과학적 검증을 거치지 않았다. 매우 간단한 과학적 검증만 해봐도 허구의 산물임을 알 수 있다. 사주가 어렵다고 말하는 것은 그 핵심을 모르기 때문이다. 핵심은 아무것도 없는데 있는 것처럼 생각해 찾으니 실체가 드러나지 않아 헤매고 그 과정에서 다양한 가설로 가득 찬 미로를 헤매게 되니 어렵다고 말하는 것이다.

내 이름으로
성공할 수 있을까?

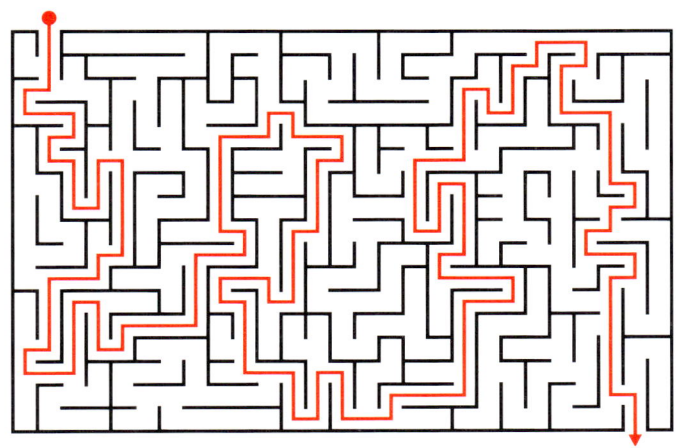

　원래부터 사주는 답이 없다. 하지만 대부분의 엄마들이 이 말에 속는다. 운명에 영향을 미치는 것은 여러 가지이지만 오직 사주만 자신의 아기에게 좋은 운을 미치는 요인으로 생각하는 것이다.

　사주란 무엇인가? 출생한 시간의 연월일시를 오행으로 설명한 것이다. 따라서 역술인의 작명 논리대로라면 다음 표만 있으면 작명가라는 직업은 필요없다. 언제 태어난 김 씨는 이런 이름, 박 씨는 이런 이름 식으로 정해놓고 부모들이 그 안에서 선택하면 된다. 다른 변수가 개입할 여지가 없는데 복잡한 이론이 왜 필요한가? 복잡하게 설명하는 것은 그들 자신이 해답을 찾을 수 없기 때문이다.

연도	월	일	시간	오행	이름			모든 성씨					
					김 씨	이 씨	박 씨						
2021	3	1	자	수	김동길	이미경	박동수						
			축	토	김성호	이내호	박연구						
			인	목	김정규	이규진	박윤석						
			묘	목	김상인	이주선	박호연						
			진	토	김자욱	이선욱	박재인						
			사	화	김채성	이건호	박동선						
			오	화	김영호	이맹규	박대호						
			미	토	김상진	이현수	박진규						
			신	금	김오인	이대길	박경인						
			유	금	김주성	이은성	박태수						
			술	토	김호상	이덕진	박선호						
			해	수	김인호	이민산	박유성						
		2	자	수	김정진	이현욱	박재명						
			축	토	김조경	이염진	박문석						
			인	목	김인호	이명돈	박주희						
			묘	목	김경인	이강식	박성익						
			진	토	김준영	이호준	박동은						
			사	화	김상진	이민석	박유진						
			오	화	김재훈	이수연	박온석						
			미	토	김호경	이미진	박문성						
			신	금	김경택	이시호	박일진						
			유	금	김하원	이강민	박호균						
			술	토	김동원	이경준	박보길						
			해	수	김성광	이동준	박혜진						
		3											
		4											

여기서 오행은 한자의 자원오행이다. 자원오행은 사용할 가치가 전혀 없는 이론임에도 역술인이나 작명가들은 이 이론을 천하의 보물로 여긴다. 자원오행이라는 가설이 생계수단이 되기 때문이다. 그 이론이 고객의 운을 좋게 해줄지 여부는 관심 밖이다. 고객의 에너지를 정말 바꾸어 건강과 운을 바꾸어줄 수 있는지에 관심이 있다면 그 많은 역술인이나 작명가 중 단 한 명도 확인해보지 않았다는 것이 너무나 이상하다.

경찰청 사이버테러대응센터 기법개발실장으로 근무했던 필자는 이 정도 프로그램은 매우 간단한 프로그램이라고 생각한다. 이 프로그램을 만들어 놓으면 누구나 아기가 태어났을 때 여기서 이름을 고르기만 하면 된다. 산후 조리를 해야 할 시간에 작명가를 찾아가는 것은 또 얼마나 고달픈 일인가? 누가 이름을 잘 만드는지 검증할 수도 없고 세평에 의존해야 하는데 그것도 자의적이다.

프로그램 전문가에게 의뢰하면 별로 긴 시간이 필요하지 않고 비용도 많이 안 든다. 이렇게 간단한 것을 놔두고 굳이 작명가를 찾아가 이름을 받을 필요가 없다. 이런 허접한 이론이 바로 역술인들이 이름을 만드는 이론이다. 역술인들은 풍수, 관상을 고려하지 않는다. 즉, 무시한다는 말이다. 사실 이름도 역술인들의 입장에서는 무시하는 분야다.

역술인들이 아기 이름을 만드는 기준은 아기가 태어난 시간뿐이므로 부모(유전적 요인), 장소(풍수), 생김새(관상) 등의 요인은 전혀 필요없다. 이름을 만들어주면서 운명을 바꾸는 것이 이름이라지만 그 후 사주를 보면 사주만으로 운명을 설명할 뿐 이름 때문에 어떻게 변했다고 말하진 않는다. 그런데 이런 무의미한 일을 오랫동안 사회적으로 용인해온 가장 큰 요인은 우리 모두의 판단력 부족이다.

'사주=운명'은 역술인들만 하는 말이다. 관상가는 '관상=운명', 작명가는 '이름=운명', 풍수 전문가는 '풍수=운명'이라고 말한다. 요리사는 '음식=건강을 지키는 방법', 한의사는 '침·한약=건강을 지키는 방법', 의사는 '수술·주사·약 처방=건강을 지키는 방법'이라고 말한다. 따라서 이런 말들은 듣는 사람이 잘 알아들어야 한다. 이런 말들을 잘 알아듣는 것은 본인의 역량이다.

진리와 홍보성 문구는 다르다. 자신이 병을 못 고친다고 말할 의사는 없을 것이다. 어떤 역술인도 자신이 운명을 못 맞춘다고 말하진 않는다. 하지만 진실은 각자의 실력 범위 안에 있고 그것을 평가하는 것은 고객의 실력이다. 내가 실력이 없으면 간단한 사기성 멘트에도 속을 수밖에 없다. 다른 사람을 탓하지 말고 그 정도 얕은 말에 속은 자신을 탓해야 한다. 과학은 실험으로 확인한 결과를 수학적으로 설명할 수 있어야 한다. 언제까지나 미신의 영역에서 벗어나지 못할 동양철학의 운명변수를 대충 구분해봐도 다음 표와 같이 다양한 경우로 구분된다. 사주, 관상, 손금을 봐도 여덟 가지가 나온다.

사주, 관상, 손금의 변수

순위	등급	사주	관상	손금	평가	대책
1	최상	O	O	O	세 가지 모두 좋음	유지
2	상	O	O	×	두 가지 좋음	좀 더 노력
3		O	×	O		
4		×	O	O		
5	중	O	×	×	한 가지만 좋음	많이 노력
6		×	O	×		
7		×	×	O		
8	하	×	×	×	모두 나쁨	최고의 노력

사주, 풍수, 관상, 작명의 변수

순위	등급	사주	풍수	관상	작명	평가	대책
1	최상	O	O	O	O	네 가지 모두 좋음	유지
2	상	O	O	O	X	네 가지 중 세 가지 좋음	좀 더 노력
3		O	O	X	O		
4		O	X	O	O		
5	중	O	O	X	X	네 가지 중 두 가지 좋음	많이 노력
6		X	O	O	X		
7		X	X	O	O		
8	하	X	X	X	O	네 가지 중 한 가지만 좋음	최고의 노력
9		X	X	O	X		
10		X	O	X	X		
11		O	X	X	X		
12	최하	X	X	X	X	모두 나쁨	사력을 다해 노력

실제로 이것은 약식 표다. 사주가 90점일 때와 풍수가 50점일 때, 사주가 60점일 때와 풍수가 80점일 때 등 강약 정도에 따라 수만 개 이상의 조합이 나올 수 있고 그 결과에 따라 전혀 다른 운명으로 나타날 수 있다.

이 표의 내용 외에도 수많은 변수가 우리의 운명에 직·간접적인 영향을 미치고 있다. 가장 중요한 것은 식생활이다. 먹거리가 건강에 미치는 영향은 매우 직접적이다. 건강에 좋은 음식을 먹었을 때와 그렇지 않은 음식을 먹었을 때 똑같은 증상도 치료하는 의사나 한의사에 따라 결과는 천지 차이다.

이렇게 운명에 영향을 미치는 변수는 다양한데 오직 태어난 시간만으로 운명을 설명하는 역술인들이 어떻게 좋은 이름을 만든다는 건지 납득이 안 된다. 그래서 역술인들이 일본식 작명법으로 만든 좋은 이름을 받아도 다른 작명가에게 물어보면 나쁜 이름이라고 하는 경우가 허다하다.

이 같은 혼란이 생기는 것은 역술인들이 가진 지식이 사주를 뽑는 것과 한자의 오행을 맞추어보는 데 그치기 때문이다. 그 정도는 기본적인 상식만 있으면 아무나 골라 맞출 수 있다.

또한, 역술인들은 사주가 없으면 이름을 못 만든다. 사주가 있어야만 이름을 만들 수 있으므로 사주가 없는 태아에게는 이름을 줄 수 없다. 역술인들에게 태교도 전혀 논외다. 태어나야 사주가 결정되는데 태교가 무슨 소용인가? 아무렇게나 태교해도 출산택일로 가짜 생일을 만들면 해결된다. 하늘의 입장에서 엉터리 중 엉터리인 출산택일 사기는 이렇게 비정상적인 논리다.

4-3 역술인들의 시간과 우리의 시간은 왜 다를까?

시대의 흐름에 따라 시간 개념의 변화가 있었고 그 후 제도적인 변화가 뒤따랐다. 처음에는 밤낮으로만 구분하다가 오전, 오후, 저녁, 밤중 정도로 시간을 구분했을 것이다. 그 후 12시간제가 등장했고 현재는 24시간제를 사용하고 있다. 처음에는 마

19세기 이전과 현재

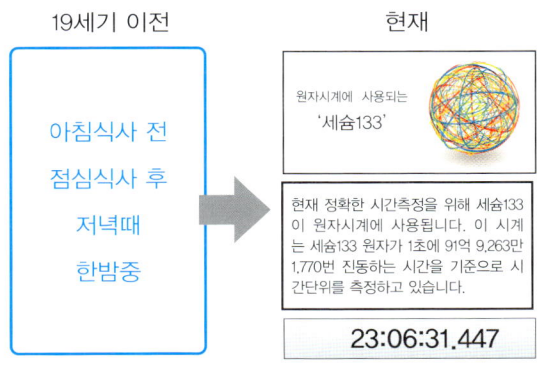

을마다 시간이 달랐지만 교통수단이 발달하면서 지역 간 시간통일의 필요성이 대두되면서 현대에 이르러 세계 표준시 개념까지 도입하게 되었다.

시간 세분화는 과학화를 의미한다. 초속은 1초 동안 이동한 거리다. 시각과 시각 사이의 간격 단위로 '초'가 가장 기본으로 사용되므로 1분, 1시간, 하루, 1년도 '1초'가 기준이다. '초'라는 시간 단위도 하나의 물리량으로서 길이·질량 단위와 함께 기본 단위로 사용된다. CGS 단위계[7]와 MKS 단위계[8]에서도 다함께 초가 기본으로 사용된다.

1초가 얼마나 중요한지는 $100m$ 달리기를 보면 알 수 있다. 이때는 1초가 아닌 0.001초까지 정밀측정해야 한다. 0.001초 차이로 세계 챔피언이 결정되므로 선수 자신뿐만 아니라 그들의 국가에서도 희비가 엇갈릴 만큼 중요하다. 초(秒)-지구는 단 1초의 오차도 허용하지 않는다.[9]

두 발로 걸어다니던 시대에는 1초가 불필요한 단위였지만 마하 7~8의 극초음속 미사일이 국가안보를 위협하는 현대에는 초속보다 훨씬 더 극미세 단위로 시간을 표기해야 한다. 이 같은 시간 개념의 변화와 사주

---

7) https://terms.naver.com/entry.naver?docId=1118304&cid=40942&categoryId=32335
8) https://terms.naver.com/entry.naver?docId=1125926&cid=40942&categoryId=32335
9) 『대단한 지구여행』 2011.8.1., 윤경철

에서 사용하는 시간의 차이를 알아보자.

사주에서의 시간은 운명을 설명하는 도구로 사용되므로 역술인들에게는 절대적 척도가 된다. 시간이란 무엇일까? 1시, 2시, 3시 시곗바늘을 보면 계속 달라지는 숫자가 보인다. 시침과 분침도 있다. 시간이 바뀌면 분초도 따라 바뀐다. 도대체 이것이 인간의 운명에 어떤 영향을 미치는 것일까? 이것을 알려면 시간이 무엇인지 알아야 한다. 그리고 나서 인간이 무엇인지 알아야 한다. 두 가지를 알고 나서 그 사이에 영향을 미치는 에너지를 분석하면 답이 보일 것이다. 국어사전에서는 시간을 다음과 같이 정의하고 있다.

시간(時間)[10]
1. 하루의 1/24이 되는 동안을 세는 단위
2. 어떤 시각에서 어떤 시각까지의 사이
3. 시간의 어느 한 시점

시간에 대해 역술인이 기술한 책을 살펴보자.

지구의 자전과 공전 관계에서 생(生)하는 기상상 시간은 일정한 법칙 하에 움직이므로 그 법칙의 시간은 변할 수 없다. 하지만 인위적으로 정

---

10) https://search.naver.com/search.naver?sm=tab_hty.top&where=nexearch&query=%EC%8B%9C%EA%B0%84&oquery=rcs&tqi=h22aBwp0J1sssnDaw%2FRssssthG-437975

한 시간은 인간생활의 편의에 따라 그 표준을 정하므로 생활환경의 변천에 따라 인위적으로 시간의 표준을 바꾸게 된다(중략).

사주에서는 물론 인위적 시간을 사용하지 않고 기상학상의 과학적 시간을 사용해야 하므로 시간 변경은 있을 수 없다. 따라서 사주에서 말하는 정오는 특정 지역의 일중(日中)을 말하며 자정은 그 지역의 정야반(正夜半)을 말한다. 그러므로 중국의 자시와 한국의 자시는 같을 수 없으며 도쿄의 정오와 서울의 정오도 일치할 수 없다. 우리나라에서도 전국의 시간이 모두 같다고 할 수 없다(중략). 현재 우리나라에서 사용 중인 시간은 1961년 음력 6월 29일 이후로 12시 30분이 정오가 된다는 것을 명심해야 한다.[11]

이 책 저자의 우주 관련 지식 수준은 알 수 없지만 시간의 원리와 작용하는 에너지 관련 지식은 없어 보인다. 역술인에게 30분이라는 개념

1896년 1월1일을 기해 음력에서 양력으로 바꾸고 하루를 12간지에 기초해 12시각으로 구분했던 종래의 방식에서 24시간제라는 세계의 표준 시각 체제로 변경한 동질적 양으로 등분화된 근대적 시간 형식인 시분초를 설명하고 이해시키기 위해 도시되었던 것이다. 시계는 문명 개화의 수단이자 상징물의 하나였으며, 이러한 기계적 시간관, 또는 정시법(定時法)은 기존의 자연적 리듬에 따른 시간 관념과 다른 인위적인 것으로, 근대인의 일상적 삶을 조직하고 통제하는 제도로서 이 시기에 출현하여 교과서 등을 통해 개념과 이미지를 습득하고 시간표에 따라 활동하면서 체화하게 된다.

---

11) 박재완, 『명리요강』, 삼신서적, 1974. 31~32쪽

이 있었다는 것은 놀라운 동시에 너무나 이상하다. 30분 개념이 있었다면 다른 시간대에도 30분이 적용된다는 것을 알았어야 한다. 이렇게 시간에 대해 아는 것처럼 책에 적었으면서 사주를 볼 때는 왜 2시간 단위로만 적용했을까? 이 세상에서 오직 역술인들만 2시간 단위를 사용한다. 현대인 아무도 그런 시간을 사용하지 않는다. 그럼 이 시간은 언제까지 사용했을까?

12시간제는 1895년까지 사용했지만 1896년 1월 1일 이후부터 24시간제로 바뀌었다. 시간제도의 변화는 우리만 갑자기 사용한 것이 아니라 세계 표준시간을 도입함으로써 우리도 국제적 시간제도에 맞추어 생활하게 된 것이다. 하지만 역술인들은 여전히 12시간제를 사용하고 있다.

역술에서 시간의 오행

자 수	축 토	인 목	묘 목	진 토	사 화	오 화	미 토	신 금	유 금	술 토	해 수
23 -01	01 -03	03 -05	05 -07	-07 -05	07 -11	11 -13	13 -15	15 -17	17 -19	19 -21	21 -23

2시간 단위로 오행이 변한다는 주장도 근거가 없다. 2시간마다 오행이 바뀌는 이유와 그것을 확인할 방법에 대한 연구도 없다.

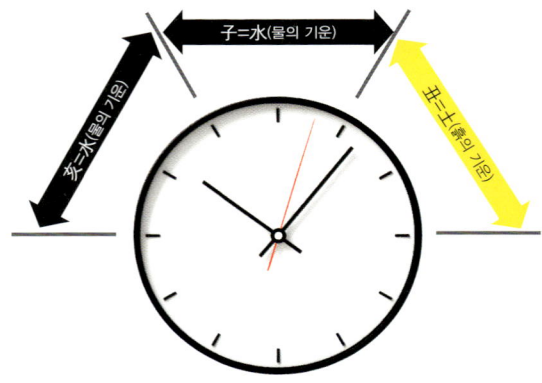

시간만으로 인간의 운명을 설명하는 역술인들이 이렇게 시대에 뒤떨어진 시간제도를 사용하는 이유는 무엇일까? 시간에 대한 가장 선구적 개념을 갖고 있어야 할 이들이 왜 가장 뒤떨어진 시간 개념으로 누군가의 운명을 설명하는 것일까?

우리의 시간을 설명할 수 없는 역술인들의 시간

우리의 시간	역술인	비고
밤 12시 5분	자시? 설명 불가	사주의 시간으로는 설명할 방법이 없다.
오전 9시 10분	사시? 설명 불가	
오후 4시 5분	신시? 설명 불가	
저녁 8시 48분	술시? 설명 불가	

이렇게 100년 이상 된 예전의 구시대적인 시간으로 복잡하기 짝이 없는 현대의 우리 운명을 어떻게 설명한단 말인가? 또 하나, 역술의 논

리적 문제를 살펴보자. 역술에서 2시간 단위를 둘로 구분하는 것은 자시가 유일하다. 그래서 자시는 11시~00시를 조자시, 00시~01시를 야자시라고 한다. 역술인에 따라 이 시간에서 30분을 바꾸어 보기도 한다. 자시를 둘로 나누어 운세를 보면 운명이 달라진다고 한다. 하지만 왜 자시만 구분하는 것일까? 축시도 전축시, 후축시로 구분하고 인시도 전인시, 후인시로 구분해 보아야 한다는 생각은 왜 하지 않았을까?

우리의 시간과 역술인들의 시간

우리의 시간	역술인들의 시간	시간 구분	사용 여부
11시~01시	자시	조자시, 야자시	사용
01시~03시	축시	전축시, 후축시	미사용
03시~05시	인시	전인시, 후인시	〃
05시~07시	묘시	전묘시, 후묘시	〃
07시~09시	진시	전진시, 후진시	〃
	등		

운이 30분 단위로 달라진다면 전축시와 후축시, 전오시와 후오시에 태어난 사람의 운이 다를 거라는 생각은 왜 못하는 것일까? 30분이라는 시간이 존재한다는 것을 알았다면 조자시도 앞조자시, 뒤조자시로 나누어 운명을 설명했어야 한다. 그렇게 나누면 30분 단위 시간으로 구분되면서 하루는 12시가 아닌 48시가 된다. 하지만 역술인들은 30분 단위를 사주에 받아들이지 못하고 12시간으로만 운명을 설명한다. 정말 이상하지 않은가?

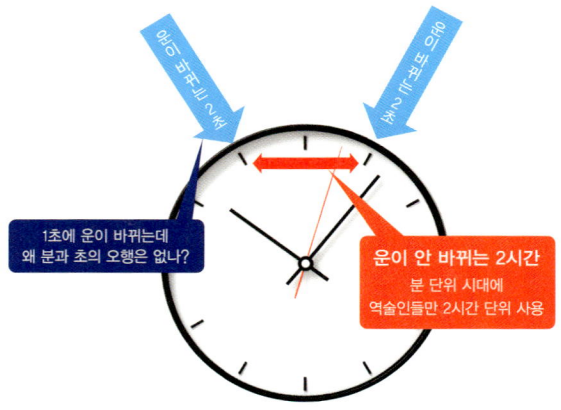

　자시에서 축시로 바뀌는 시간은 불과 몇 초에 불과하다. '딸깍'하는 순간 12시 59분 59초에서 13시 1분 1초로 넘어간다. 그런데 12시 59분 59초에서 13시 1분 1초에는 운명이 바뀌는데 13시 10분과 11분은 왜 운명이 바뀌지 않는다는 것인지?

　조금만 깊이 생각해보면 역술인들이 사용하는 시간 개념이 우리의 시간 개념에 비해 많이 뒤떨어져 있음을 알 수 있다. 시계를 보면서 생각해보면 또 하나 이상한 점이 있다. 우리의 시계는 바늘이 계속 움직이는 시계다. 하지만 역술인들의 시계는 2시간마다 한 번씩만 움직이는 시계다. 그들의 시계는 분침과 초침이 필요없다. 우리는 분침과 초침이 있는 시계가 필요하다. 역술인들은 2시간마다 한 번씩만 움직이면 되는 시침 하나면 되지만 우리의 시계는 모두 분초 단위까지 표기되어야 한다.

역술인도 사용하지 않는 역술의 시간

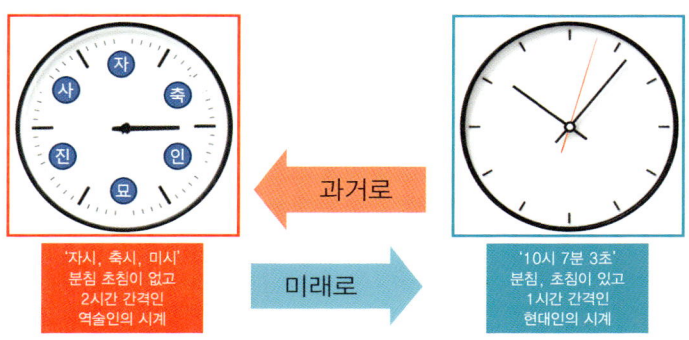

　12시 30분, 15시 30분의 개념이 있었다면 사주를 보는 기준이 30분 단위로 바뀌어야 한다는 것도 알았어야 한다. 즉, 진시를 30분 단위로 넷으로 구분해 시간의 오행을 분석하고 거기에 합당한 답안을 내놓았어야 한다. 하지만 생각이 거기까지 못 미치고 여기서 끝난다. 30분 단위의 시간 개념이 사주 분석에까지 도입되었다면 하루를 30분 단위로 쪼개 운에 미치는 영향을 연구했어야 하는데 역술인들의 수준에서 그런 상상은 왜 불가능한 것일까?

30분 단위로 본 12시의 오행

구분	1시	2시	3시	4시
자	23:01~23:30	23:31~24:00	24:01~24:30	24:31~01:00
	수수수수	수수수토	수수토토	수토토토
축	01:01~01:30	01:31~02:00	02:01~02:30	02:31~03:00
	토토토토	토토토목	토토목목	토목목목
인	03:01~03:30	03:31~04:00	04:01~04:30	04:31~05:00
	목목목목	목목목목	목목목목	목목목목
묘	05:01~05:30	05:31~06:00	06:01~06:30	06:31~07:00
	목목목목	목목목토	목목토토	목토토토
진	07:01~07:30	07:31~08:00	08:01~08:30	08:31~09:00
	토토토토	토토토화	토토화화	토화화화
사	09:01~09:30	09:31~10:00	10:01~10:30	10:31~11:00
	화화화화	화화화화	화화화화	화화화화
오	11:01~11:30	11:31~12:00	12:01~12:30	12:31~13:00
	화화화화	화화화토	화화토토	화토토토
미	13:01~13:30	13:31~14:00	14:01~12:30	14:31~15:00
	토토토토	토토토금	토토금금	토금금금
신	15:01~15:30	15:31~16:00	16:01~16:30	16:31~17:00
	금금금금	금금금금	금금금금	금금금금
유	17:01~17:30	17:31~18:00	18:01~18:30	18:31~19:00
	금금금금	금금금토	금금토토	금토토토
술	19:01~19:30	19:31~20:00	20:01~20:30	20:31~21:00
	토토토토	토토토수	토토수수	토수수수
해	21:01~21:30	21:31~12:00	22:01~22:30	22:31~23:00
	수수수수	수수수수	수수수수	수수수수

각 시를 네 개로 구분하면 각각 30분 단위로 오행의 정도가 달라질 것이다. 이렇게 보면 같은 '토'도 내부적인 오행 구성비가 다르다. 이것도 역술인들이 생각하지 못한 부분일 것이다.

내 이름으로
성공할 수 있을까? _____

12지의 토 오행의 시간별 세부 오행

축	01:01~01:30	01:31~02:00	02:01~02:30	02:31~03:00
	토토토토	토토토목	토토목목	토목목목
진	07:01~07:30	07:31~08:00	08:01~08:30	08:31~09:00
	토토토토	토토토화	토토화화	토화화화
미	13:01~13:30	13:31~14:00	14:01~12:30	14:31~15:00
	토토토토	토토토금	토토금금	토금금금
술	19:01~19:30	19:31~20:00	20:01~20:30	20:31~21:00
	토토토토	토토토수	토토수수	토수수수

태양은 제자리에 가만히 있지 않고 계속 움직이고 지구도 계속 움직이고 있다. '토'라고 모두 같은 토가 아니고 '금'이라고 모두 같은 금이 아니다. 도쿄의 정오와 서울의 정오, 베이징의 정오와 서울의 정오 시간이 다르다는 것을 알면서도 그 이상 발전시키지 못한 것을 보면 역술인들의 시간 연구가 고정관념에 막혀 더 이상 발전 불가능한 상태임을 알수 있다.

시간은 무엇이고 왜 그 시간에 토와 목, 수와 금의 기운이 오는지, 만약 온다면 그것을 어떻게 확인할 수 있는지 등을 연구했어야 한다. 시간은 지구의 자전뿐만 아니라 태양과 달이 지구에 미치는 영향 등이 결정하는 것이다. 태양계 행성들이 지구에 미치는 영향은 태양계의 모든 항성과 행성, 지구와 달 등 다양한 모든 조건을 분석해야만 알 수 있다.

하지만 태양과 태양계 행성들은 같은 위치에 있었던 적이 단 한 번도 없다. 항상 자리가 바뀌고 각도와 거리가 달라 60년 주기로 같은 자리에

12)

오는 것이 아니므로 같은 영향을 미칠 수가 없다. 이렇게 시간에 따른 에너지 변화가 우리 운명에 미치는 영향을 연구하는 것이 사주라면 과학적 시간 개념을 왜 도입하지 않는 것일까? 세상의 기운이 바뀌는 것을 연구하는 易이 가장 안 변하는 이유는 무엇인가?

우리가 사용하는 현대의 발전된 시간을 사용하지 않고 시대에 뒤떨어진 그들만의 시간을 계속 사용하는 특별한 이유라도 있는 것일까? 우리가 여행하면서 사용하는 시간은 세계 표준시다. 이 시간의 기준점은 영국의 그리니치다. 사주를 만들었던 시대와 현재의 시간은 전혀 다르다. 이런 과거의 시간으로 현대를 살아가는 우리의 운명을 과연 설명할 수 있을까?

12) https://www.youtube.com/watch?v=StFCoGvxpbY

4-4
운명 변수의 결정순서

세상만사는 원인→과정→결과 순으로 진행된다. 원인없는 과정은 없고 과정없는 결과도 없다. 원인이 있으면 과정과 결과가 있는 것은 바꿀 수 없는 자연의 이치다. 원인은 사물이나 상태를 규정하는 기본 조건이다. 과정은 일이 되어가는 경로다. 결과는 특정 원인 때문에 생긴 결말이나 그 상태다. 원인은 절대적으로 결과를 좌우한다.

자전거 설계도로 자동차가 나올 수 없고 소나타 설계도로 제네시스가 나올 수는 없다. 배를 만들면 비행기가 나올 수 없듯이 모든 것은 처음 의도대로 그 연장선상에서 만들어진다.

동양의 운명론에서는 인간의 운명에 영향을 미치는 요인들을 사주, 풍수, 관상, 이름(작명)이라고 한다. 이 네 가지 요인을 시간적으로 나열하면 다음 표와 같다. 풍수가 맨 먼저이고 관상, 사주, 이름 순이다.

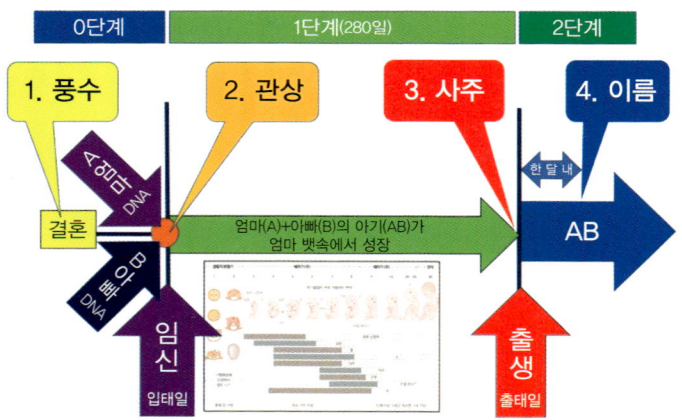

남녀가 결혼하면 거주지를 정해 부부생활을 시작한다. 필자가 어릴 때만 해도 이 거주지는 대부분 아기가 태어나는 자리였다. 아기가 태어난 후에는 외부인의 출입을 금지해 대문에 금줄[13]을 쳐 산모와 아기의 안녕을 기원했다. 그래서 아기가 태어나면 산파 할머니가 방문해 아기를 받아주고 외부인 출입을 금지하기 위해 금줄을 매달아 알렸다. 금줄은 아기가 태어났다는 표시로 금줄이 걸려 있으면 외부인들은 그 주변을 조심해 다녔다. 요즘처럼 산부인과 의사가 아닌 산파 할머니가 아기

---

13) https://terms.naver.com/entry.naver?docId=551102&cid=46655&cate goryId=46655

를 받아주었고 대문 한쪽 기둥에서 다른 쪽 기둥에 성인 키 높이의 금줄을 쳤는데 남자아이면 숯덩이와 빨간 고추를 간간이 꽂았고 여자아이면 작은 생솔가지와 숯덩이를 꽂았다.

14)

유명 권력자, 부자, 학자들이 태어난 자리는 풍수를 연구하는 지관들이 찾아와 답사하는 필수 연구 코스로 운명론의 첫 번째 코스다. 대부분 태어난 자리, 못자리, 살아가는 자리의 기운을 보는데 부모가 결혼해 처음 살아가는 곳이 대부분 내가 태어나는 자리가 될 것이다.

---

14) https://smartstore.naver.com/junart/products/5177037293?NaPm=ct%3Dladxkmag%7Cci%3D29cb4001bdd041a5e4118d48f2ca1c61d44e782e%7Ctr%3Dimg%7Csn%3D210161%7Chk%3Dbc93eee407bd5e0ab0bc8146c9ef60810a337481

과거에는 대부분 자연지형을 살려 집을 지었으므로 산이나 강 등을 변형시키지 않은 채 집을 지었지만 요즘은 토목기술의 발달로 산이나 강에 도로, 교량, 터널 등을 만들고 대규모 아파트 단지를 건설하면서 지세가 완전히 바뀌어 과거의 기운이 그대로 있을 수 없을 정도로 변형되었다.

건설장비의 보급으로 불과 몇 달 만에 교량과 터널이 생기고 어지간한 야산을 넘겨보는 고층 아파트 단지가 들어서니 규모로 보면 큰 산 하나가 들어선 것처럼 바람길이 막히고 햇빛도 안 들게 된다. 과거의 지형을 못 알아볼 정도로 변형시키면 지세만 보는 풍수 이론으로 그곳의 기운을 알 수 있을까?

요즘은 대부분 산부인과에서 출생하므로 산부인과 수술실이 태어난 자리가 될 것이다. 어느 산부인과 자리에서 태어나면 부자가 될 명당이라고 그 병원이 문전성시를 이룬다면 출산택일에 비유해 출산택소라고 해야 할 것이다. 시간이 아닌 장소를 택하는 것이니 말이다. 조상 못자리는 그 다음이다.

두 번째는 관상이다. 관상은 과거 관리를 등용할 때 판단기준이던 신언서판의 원인적 요소다. 신(身): 용모, 생김새, 언(言): 말솜씨, 서(書): 글씨, 인간의 됨됨이, 판(判): 판단력을 뜻하며 당나라 때의 관리등용 기준이었다.

내 이름으로
성공할 수 있을까? _____

관상은 흔히 우리가 알듯이 얼굴 생김새뿐만 아니라 말, 호흡, 걸음걸이, 앉는 모양, 누운 모양까지 분석 대상으로 이 정도면 답안지 한 장으로 판단하는 시험보다 깊이 확인할 수 있다고 하겠다. 성형수술을 해도 원형의 얼굴 에너지가 그대로 있으리라 생각하는 사람은 없을 것이다. 얼굴에 비치고 반사되는 빛의 각도가 달라지므로 성형수술 이전의 에너지가 나올 리 없다. 하지만 성형수술한 여성이 임신해 출산하면 성형수술한 엄마 아빠의 얼굴보다 성형수술 이전 부모의 얼굴을 닮을 것이다. 성형수술이 DNA에 담긴 원형 에너지까진 바꾸지 못하기 때문이다.

셋째, 사주를 보자. 사주는 태어난 시간이다. 태어난 시간 이외 시간이 사주의 분석 대상이 안 되는 이유는 모르겠지만 사실상 우리에게 중요한 순간은 너무나 많다. 태어난 날 외에도 입학식, 대입 수능시험일, 대학 입학일, 대학 졸업일, 대학원 입시일, 박사학위 취득일, 취업시험일, 승진기념일, 결혼한 배우자와 처음 만난 날, 첫 아기 생일, 부모님 생신, 조상님 기일, 대형사건 사고일 등등 내 삶의 중요한 순간은 너무나 많다. 그런데 왜 그 중요한 순간들을 놓아두고 태어난 순간만을 기준으로 길흉화복을 알 수 있다고 하는 것일까? 개인이든 나라든 역사는 모든 시간의 기록이 쌓여 만들어진다.

역술인들은 임신의 결과인 출산시간이 인간의 운명을 결정한다고 말한다. 이 주장을 상식적으로 생각해본 적도 없는 엄마들은 무조건 그들의 말만 듣고 출산택일을 한다. 자식을 위하는 엄마의 약한 마음을 악용한 사기가 바로 '출산택일'이다. 명당에 가 아기를 낳는 출산택소가 운명을 바꾸기 어렵듯이 시간을 바꾸어 운명을 바꾸려는 시도는 터무니없는 거짓이다. 하늘이 태어나게 한 시간에 태어나지 않고 인간의 잔꾀로 바꾼 시간에 출산한다고 잘될 리 없다.

엄마가 아기를 임신할 때 엄마와 아빠의 DNA가 만난다. 생명의 매뉴얼은 DNA 형태로 암호화되어 있다. 달리 말해 생명을 만드는 데 필요한 유전자 정보가 DNA 형태로 기술되어 있는 것이다. DNA에 들어 있는 정보는 염기 서열 형태로 저장되어 있다. DNA 분자의 기능이 정보를 저장하는 것이므로 염기 서열 자체가 DNA의 정보이자 기능이다. 따라서 DNA의 정보는 1차원적이다.

책에 적힌 문장이 구겨지든 휘든 상관없이 그 내용 그대로 유지되듯이 DNA 정보도 구겨지든 휘든 바뀌지 않는 1차원 정보다. 즉, DNA 정보는 끊겨도 사라지거나 훼손되지 않는다. 그런 면에서 DNA 정보는 컴퓨터를 구동하는 가장 원시적 언어인 기계어와 같다. DNA 정보를 디지털 정보라고 부르는 이유다.[15]

출생시간이 바뀌면 거지의 DNA가 부자의 DNA가 될 거라는 상상은 정말 어처구니없다. 부모의 DNA가 수정되면 세포분열이 시작되면서 엄마 뱃속에서 아기로 성장해간다. 부모의 유전자 속에는 두 사람의

---

[15] https://terms.naver.com/entry.naver?docId=3583785&cid=60265&categoryId=60265

모든 정보가 들어 있고 이 정보들이 아기를 만든다. 한 개인의 운명에서 가장 중요한 요인들은 이때 결정되는 것이지 태어나는 순간에 결정되는 것이 아니다.

이 논리는 사주명리가 시작되던 한나라 때의 논리다. 중국 명리학의 시초는 왕츠홍(王充, 27~97년)으로 보는데 그는 인간의 운명이 '아기가 태어날 때' 정해지는 것이 아니라 '아이를 가질 때' 이미 결정된다고 주장했다.[16)]

태어난 시간에 운명이 결정된다는 역술인들의 주장이 가장 타격받을 논리를 역술 창시자가 주장한 것이다. 임신 시점에 운명이 결정된다는 논리가 타당하다는 것은 현대 과학이 명백히 입증하고 있다. 임신 후 280일의 성장 기간은 아기는 물론 엄마에게도 너무나 중요하다. 이 기간에 엄마가 겪는 일들을 아기도 겪는다. 엄마가 음주·마약을 하면 부정적인 영향이 아기에게 고스란히 전해진다.

어떤 갓난아기는 태어나 두 다리를 쉴 새 없이 떠는 증상을 보인다. 갓난아기가 이렇게 다리를 떠는 것은 임신 중 마약에 중독된 엄마 때문이다. 보도에 따르면 아기 엄마는 출산하기 직전까지 헤로인 주사를 맞을 정도로 심각한 마약중독 상태였다. 임산부가 마약을 복용해 마약 성

---

16) 홍성국, 『사주 궁합의 비밀을 밝힌다』, 한솜, 2010. 45쪽

분이 태아에게 노출되면 태아의 성장이 느려지고 체중이 덜 나가고 정신박약이나 신체기형 등의 이상을 초래하는 것으로 알려져 있다.

엄마가 체내에 주입한 마약 성분은 아기에게 이어졌고 아기는 태어나자마자 '마약금단증후군'을 겪었다. 손발을 떠는 증상은 마약중독의 전형적인 금단 현상이다. 미국에서 마약중독 상태로 태어나는 신생아는 한해 27,000명, 하루 73명꼴로 엄마들의 무책임한 행동으로 아무 잘못도 없는 수만 명의 아이들이 고통을 겪고 있다.[17]

그뿐만이 아니다. 태아알코올증후군(Fetal Alcohol Syndrome)은 임신 중 음주로 태아에게 신체적 기형과 정신적 장애가 발생하는 선천성 증후군이다. 임신한 여성이 알코올을 섭취하면 태아의 뇌를 비롯한 여러 기관에 즉각적인 영향을 미쳐 다양한 안면기형, 정신지체, 중추신경장애를 유발할 수 있다.

2019년 미국에서 보고된 자료에 따르면 매년 전 세계 63만 명의 신생아에서 태아알코올증후군이 발생하고 있다. 또한, 임신 중 술을 마신 여성 13명 중 1명은 태아알코올증후군을 가진 자녀를 출산하며 태아알코올증후군 환자의 평균 사망 연령은 34세다.[18]

---

17) https://www.mhns.co.kr/news/articleView.html?idxno=26341
18) https://health.chosun.com/site/data/html_dir/2020/11/20/2020112001808.html

원인과 과정은 결과를 만든다. 이 세상에서 결과를 바꾼다고 원인이나 과정이 달라지진 않는다. 현재는 과거의 결과이고 미래는 현재의 결과다.

임신 시점에 결정된 모든 원인적 요인은 출산 시점이 바뀐다고 달라지진 않는다. 출산택일의 허구성은 결과를 바꾸면 원인이 바뀐다는 논리다. 고등학교 졸업일을 바꾸면 초등학교 성적이 달라진다는 말과 같다. 이것을 모르면 정상적인 엄마가 비정상적인 논리의 역술인들에게 계속 속는다. 성적표에 기재된 성적은 지금까지의 내 노력에 대한 평가이지 졸업일이 결정하는 것이 아니다. 출산택일할 시간에 아기를 위해 엄마가 무엇을 더 해줄지 고민하는 것이 현명하다. 임신 중 마약중독도 출산택일도 나을 수 있는지 물어보라.

4-5 풍수와 사주, 관상과 작명

동양에서 운명을 설명하는 주장으로 사주, 풍수, 관상, 작명이 있다. 사주는 시간, 풍수는 장소, 관상은 생김새, 작명은 이름으로 설명하는 방식이다.

운명학의 논리

구분	논리	변화 가능성
사주	출생시간(사실은 시각)이 운명을 결정한다.	×
풍수	태어난 곳, 조상의 묫자리가 운명을 결정한다.	×
관상	생김새가 운명을 결정한다.	×
작명	이름이 운명을 결정한다.	△

그렇다면 태어난 곳과 살아가는 조건이 모두 달라도 생일만 같으면 운명도 같을까? 생일이 같아도 태어난 곳이 다르면 운명이 달라질까? 생김새와 이름이 달라도 태어난 곳이 같으면 운명도 같을까? 모든 조건

내 이름으로
성공할 수 있을까? _____

이 달라도 이름이 같으면 운명도 같을까? 종합적으로 생각해보면 해답을 간단히 구하기 어렵다는 것을 알 수 있다.

운명은 간단하지 않다. 동양철학(哲學이 아니라 鐵學)의 운명론은 종합적인 검토를 거친 이론이 없다. 이 외에도 운명은 수많은 변수가 종횡으로 얽혀 만들어진 결과물이기 때문이다. 다음 네 가지 이론을 살펴보자.

풍수를 검토해보자.

19)

풍수지리, 일명 풍수는 땅의 성격을 파악해 좋은 터전을 찾는 사상으로 산수 형세와 방위 등의 환경적 요인을 인간의 길흉화복과 연관지어 집, 도읍, 조상 묫자리를 가려 잡아야 한다는 자연관과 세계관이다. 풍수지리 사상은 삼국 시대에 도입되어 신라 말 승려 도선이 발전시켜 고려

---

19) http://www.koreanlii.or.kr/w/index.php/Pungsu_theory

시대에 전성기를 이루었고 조정과 민간에 널리 보급되었다. 이후 조선시대 무학대사를 거쳐 오늘에 이르기까지 인간생활은 풍수지리 사상의 영향을 많이 받았는데 다음 세 가지로 정리할 수 있다.

첫째, 고려가 개성, 조선이 한양을 도읍지로 정한 데는 풍수지리 사상이 큰 영향을 미쳤다. 둘째, 풍수지리 사상은 유교의 조상숭배 사상과 결합되어 풍수의 길지에 묏자리를 정하는 데 적극적으로 활용되었다. 셋째, 우리나라의 지형적 환경과 함께 전통적인 농경취락의 입지 형태인 배산임수의 촌락 입지 유형의 발달에도 큰 영향을 미쳤다.

이 장소는 우리나라의 농업 조건과 기후 조건을 고려할 때 현대적 의미의 취락 입지 조건과 맥을 같이 한다. 그리고 풍수의 자연현상과 변화는 인간의 행복과 직결된 것으로 보았기 때문에 풍수지리 사상은 환경결정론적 입장이 강하다고 할 수 있다. 따라서 인간의 사고체계와 생활

양식에 큰 변화를 초래한 것이 사실이다. 풍수지리 사상은 한국인의 의식 속에 깊이 자리잡은 민간신앙인 동시에 자연환경에 대한 우리 민족의 경험철학을 내포한 전통적인 지리사상으로 그 의의가 매우 크다.[20] 한국에서는 이 분야의 전문가들을 지관(地官)이라고 부른다.

그러나 사회구조가 변하면서 과거의 풍수 이론에 추가할 항목이 생겼다. 과거가 평면 풍수, 고정적 풍수라면 현재와 미래는 입체 풍수, 변동 풍수를 고려해야 하기 때문이다. 원래 지형 그대로 살아가던 과거와 달리 수십 층 빌딩이 들어서고 주거용 아파트도 고층화되어 50층 이상 고층건물이 일반화되는 추세다. 과거의 집은 1층이었지만 오늘날은 수

종합교통정보 제공시스템

서울지방경찰청 교통정보센터 안내화면

---

20) https://terms.naver.com/entry.naver?docId=944930&cid=47331&categoryId=47331

십 수백 미터 이상 높은 곳에 거주하는 사람들이 많다. 여기에 속도를 고려한 개념도 포함되어야 한다. 광역교통망이 발전하면서 서울에서 직장생활을 하면서 경기도에 거주하거나 서울에 거주하면서 경기도가 직장인 경우 등 일터와 거주지가 다른 경우가 많기 때문이다.

또한, 국제적 이동이 보편화되면서 지방에서 태어났지만 학교는 서울에서 다니고 직장생활은 해외에서 하거나 이민가는 등 거주지를 아예 옮기기도 한다. 토목건축 기술의 발달로 거대한 산맥에 터널을 뚫어 차량이나 고속전철이 다니고 강이나 바다에 교량을 만들어 건너가는 등 과거의 풍수 이론이 출현할 당시 생각조차 못한 일들이 비일비재하다.

과거와 현재의 생활환경

거주 이전이 자유롭지 못했던 과거와 비교하면 현재의 우리 생활환경은 이동에 거의 제한이 없다. 이런 상태에서 한곳의 에너지만 따지는 것은 무의미하다.

과거와 현재의 장소별 생활여건 변화

• 과거의 고정적 생활패턴

구분	출생지	거주지	출신학교	직장생활	묫자리
A	서울	←	←	←	←
B	경기	←	←	←	←
C	강원	←	←	←	←
D	충청	←	←	←	←
E	전라	←	←	←	←
F	경상	←	←	←	←
G	제주	←	←	←	←

• 현재의 변형적 생활패턴

구분	출생지	거주지	출신학교	직장생활	묫자리
A	서울	경기	서울	서울	경기도 공원묘지
B	경기	서울	서울	도쿄	경기도 개인묘지
C	강원	경기	서울	싱가포르	강원 납골당
D	충청	세종	대전	대전	충청 개인묘지
E	전라	광주	광주	뉴욕	전남 수목장
F	경상	부산	대구	런던	경남 화장
G	제주	제주	제주	방콕	제주 화장

살아가면서 이렇게 환경이 달라지는데 태어나 죽을 때까지 한곳에서 살던 시절과 태어난 곳과 생활하는 곳이 다른 시대의 에너지 흐름이 같

을 수 없다. 같은 자리에 있는 동남향 집이라도 앞에 논밭만 있던 과거와 수십 층 빌딩이 햇빛을 가리는 현대가 같을 수 없다. 이 같은 환경변화는 기존 풍수 이론으로 설명하기 어렵다.

과거에는 햇빛이 에너지의 전부였지만 요즘은 지하도 조명기구가 밝혀 어디서든 업무를 보는 데 전혀 불편함이 없다. 과거의 장소가 인체에 미치는 영향이 바람, 햇빛, 비, 눈 정도였다면 현대는 소음, 공해는 물론 전자기기에 의한 교란 등까지 고려해야 한다.

장소나 지역의 영향이 이렇게 큰데도 역술인들은 태어난 시간만으로 운명을 설명한다. 역술인들이 고객의 운명을 설명할 때 시간 이외 요인을 고려하지 않는 것은 오직 시간만 인간의 운명에 영향을 미친다고 배웠기 때문이다. 사주가 모든 것을 정한다면 태어난 시간이 출생지와 건강도 결정할까? ○시 ○분에 태어나면 강원도, ×시 ×분에 태어나면 충청도이고 ○시 ○분에 태어나면 위암에 걸리고 ×시 ×분에 태어나면 건강한 것일까?

뭐든지 대충 듣고 대충 생각하면 비슷해 보일 수 있는 것도 도표나 그림을 그려놓고 실상을 자세히 들여다보면 더 깊이 생각하고 실체를 확인하게 된다. 한 분야의 요인만으로 모든 것을 알 수 있는 것도 있지만 인간의 운명처럼 다방면의 요인이 복잡하게 영향을 미치는 분야는 수만 가지 요인을 모두 입력해 슈퍼컴퓨터로 분석해도 답을 찾기 어렵다. 하물며 태어난 시간이 당사자의 평생 운명을 결정한다는 사주 이론의 허점은 세 살짜리 아이도 알 것이다.

유튜브: 법륜스님 제328회 주역과 사주 배우기

50대 중반까지는 별다른 생각 없이 살아왔지만 지난 20~30년 동안 직장이나 뚜렷한 소일거리 없이 지낼 생각에 걱정스러워 평소 관심 있고 제 적성이라고 판단되는 주역, 사주 명리학에 입문해 수학해보니 겉보기와 달리 내용이 상당히 어렵고 끝도 없는 분야라는 걱정이 듭니다. 더구나 이 학문을 생업으로 한다고 생각하니 결과적으로 거짓말을 할 수밖에 없다는 우려와 망설임으로 가득합니다. 주위에서는 이 업을 하면 많은 죄업을 짓고 심지어 자손에게까지 업을 끼친다길래 학업 도중 심히 망설여집니다. 이를 어떻게 받아들이고 어떻게 처신해야 할까요?[21]

잘 생각해볼 내용이다. 관상가들은 얼굴 생김새와 행동이 운명을 결정한다고 주장한다. 머리와 이마는 부모, 눈은 부귀빈천, 코는 재물, 입은 형제·자식 복, 귀는 초년 운을 본다고 말한다.

가끔 관상, 사주팔자 등이 오랜 자료 축적으로 근거가 있다고 주장하는 사람도 있지만 그렇지 않다. 통계학을 조금이라도 배운 사람은 '많은

---

21) https://www.youtube.com/watch?v=DgcfVYD0WA4&t=38s

자료'보다 '타당한 분석'이 더 중요하다는 것을 안다. 특히 관상 분야에서 '근거 사례'들은 일종의 출판 편향과 선택 편향, 확증 편향 등 통계가 피해야 할 편향들을 고스란히 담고 있어 자료가 아무리 많더라도 그것이 곧 '탄탄한 근거'가 되는 것은 아니다.

사회심리학에서는 '당사자의 지위'가 '외모'를 개선한다는 연구가 있는데 지위가 높은 사람의 외모가 '실제로 변화가 없더라도' 더 나아 보이는 현상 때문이다. 그래서 그의 배경정보가 주어진 상태의 관상은 그렇지 않은 상태의 관상과 다를 수 있다. 관상은 또 다른 미신일 뿐 과학적 근거는 전혀 없다는 주장은 많은 생각을 하게 한다.

작명가들은 글자(한자) 획수, 오행 등이 인간의 운명을 결정한다고 주장한다. 하지만 이름이 같으면 운명도 같다는 그들의 주장은 설득력이 없다. 같은 이름도 환경이 다르면 미치는 영향이 다르기 때문이다. 운명 이론 중 설득력이 가장 떨어지는 것이 획수 위주의 일본식 작명이론이다.

우리나라에는 작명가도 작명이론도 없었다. 그만큼 관심 밖 분야였다. 모두 획수, 오행 등 일제강점기 일본인 작명가가 만든 작명이론을 여전히 사용하고 있다는 것은 작명가들의 이름 연구가 너무나 부족한 현실을 여실히 보여준다.

내 이름으로
성공할 수 있을까? _____

일본식 이름은 네 글자이고 우리 이름은 세 글자인데 이 같은 이론으로 이름풀이를 하고 설명하는 것이 맞는 것일까? 잘 생각해보면 역술인, 지관, 관상가, 작명가의 말을 단지 신년운세, 그날의 운수 정도로 가볍게 여기고 넘어가는 게 좋을 것 같다. 정말 중요한 내용은 태어난 시간, 장소, 생김새, 이름을 모두 분석해도 기타 변수가 너무 많아 알 수 없기 때문이다.

풍수나 관상은 눈으로 보아야 하고 이름은 글자를 보고 소리를 듣지만 사주는 눈에 안 보여 거짓이 가장 많을 수밖에 없다. 듣는 사람이 똑똑하면 그들의 말에 속지 않지만 대부분 마음이 약해 운명론에 속고 세상일로 속아 상처투성이가 되기 때문이다.

4-6 출산택일의 허와 실

　　　　　　　　　　우리의 운명을 미리 알 수 있을까? 역술인들은 알 수 있다고 주장한다. 사주는 눈에 안 보이므로 얼마든지 그럴듯한 설(說)을 만들어내고 언뜻 들으면 진짜처럼 들린다. 하지만 인간의 운명을 알기란 그리 간단하지 않다. 더구나 인체에서 일어나는 에너지 변화를 잘 들여다보면 역술 논리가 얼마나 비현실적인지 알 수 있다.

　　역술의 최고 핵심은 태어난 시간의 에너지가 당사자의 운을 결정하는 기준으로 평생 변하지 않는다는 것이다. 그래서 역술인들은 태어난 시간을 바꾸는 출산택일로 가짜 생일을 만든다. 아기의 출생일을 바꾸면 운명이 좋아진다는 논리로 엄마들을 속인다.

정확히 말하면 택일 사기인데 이런 짓을 해도 운명은 절대로 좋아지지 않는다. 오히려 나빠질 수 있다. 마취약을 사용해 수술용 칼로 엄마 배를 가르고 아기를 꺼내는 것이 정상분만보다 좋다는 근거는 어디에도 없다. 이것은 아기를 낳는 것이 아니라 꺼내는 것이며 그 과정에서 엄마는 물론 아기도 면역력을 향상시킬 과정을 건너뛰므로 여러 면에서 손해다.

역술인들 중 하늘의 이치를 왜곡해 인간을 우롱하는 자들은 출산택일 하는 자들이다. 이 세상 모든 동물은 자연분만한다. 정상적이고 건강한 엄마라면 자연분만이 하늘의 이치에 순응하는 것이다. 따라서 하늘은 그 과정에서 너무나 중요한 모든 조치를 엄마 몸에 이미 다 해놓았다.

'출산택일', 과연 타당한가?

구분	모두 그대로	바뀌는 것
엄마	O	
아빠	O	
살고 있는 집	O	
언니/오빠	O	
병원 위치	O	
수술실	O	
담당의사	O	
간호사	O	
수술 방법	O	
처방약제	O	
수술시간		O

모든 것이 그대로인데 수술시간만 바꾸면 운명이 바뀐다고?

임신한 지 280일 후 아기가 태어나는 것은 너무나 자연스러운 하늘의 이치다. 모든 조건이 그대로인데 출생순간만 바꾸면 운명이 바뀐다는 꾐에 속아 배를 갈라 아기를 꺼내는 엄마들은 이미 하늘을 속이는 역술인들의 공범이 되어 아기에게 죄를 짓는 것이다.

임신 시점에 결정되는 출산 시점은 하늘이 정한 것이다. 출산 시점을 임의로 바꾸는 것은 하늘을 속이는 것이다. 그것도 치료 목적으로 어쩔 수 없는 제왕절개가 아니라 운명을 좋게 한다는 꾐에 속아 출산택일을 한다면 그 엄마의 어리석음이 아기에게 유전되지 않을 리 없으니 그런 엄마에게서 태어난 아기의 미래가 잘될 확률은 낮다고 볼 수밖에 없다.

생일(시간)을 바꾸면 잘 살 수 있을까?

원래 한나라 왕충(王充)이 사주 이론을 만들었을 때 인간의 운명이 결정되는 기준 시점은 임신 시점이었다. 백 번 맞는 말이다. 임신은 부모의 유전자가 수정되어 아기의 운명이 시작되는 순간이다. 그런데 임신한 시점을 알 수 없다보니 출생시간으로 사주의 기준점을 바꾼 것이다.

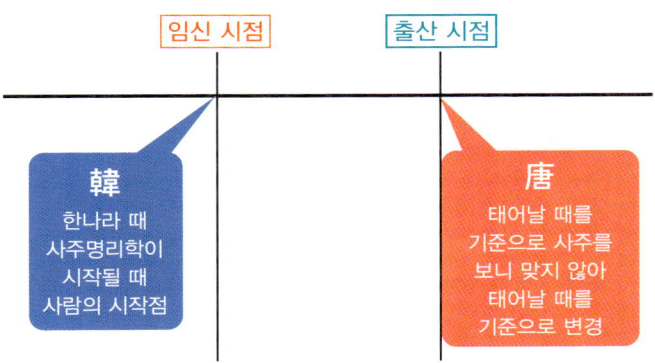

　이것도 수천 수만 명의 임신 시점과 출산 시점을 연구·분석한 통계로 한 것이 아니라 점성술 주장을 사주에 받아들여 출산할 때 운명이 결정되는 것으로 하기로 한 것이다. 운명변수의 시간적 순서를 생각해 보자.

　남녀가 결혼해 살 곳을 정하면 대부분 그곳이 아기를 임신하는 장소가 된다. 여기서 풍수의 기준점(태어난 곳)이 정해진다. 엄마와 아빠의 DNA가 수정되면서 관상이 결정되고 아기 미래의 기본적인 사항이 결정된다. 하지만 임신 과정이나 출생 후의 여건 변화에 따라 모든 것은 유동적이고 잘되든 못되든 변화의 가능성은 열려 있다.

　아기는 임신 후 280일 동안 엄마 뱃속에서 계속 성장한다. 인간의 세포 중 가장 큰 세포는 난자다. 정자의 10배 크기로 약 0.2mm이며 자세히

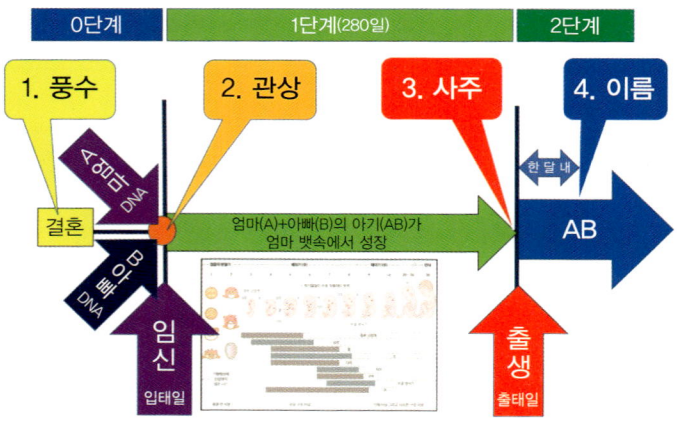

보면 맨눈으로도 볼 수 있는 크기다. 이 같은 난자와 정자의 수정란이 아기 크기로 성장해 인간으로 태어나는 것이다. 수정란 속에는 아기의 모든 정보가 들어 있다. 소의 유전자는 소가 태어나게 하고 돼지 유전자는 돼지가 태어나게 한다. 나비 유전자는 나비를 만들고 앵무새 유전자는 앵무새를 만든다. 갑과 을의 유전자는 갑과 을의 아기가 태어나게 하지 태어나는 시간을 바꾼다고 C와 D의 아기로 바뀌진 않는다.

태어나는 시간에 따라 유전자가 바뀐다는 주장은 전혀 근거가 없다. A와 B 유전자는 유전법칙(멘델의 법칙)에 따라 조합되어 부모를 닮은 아기가 된다. 이렇게 태아가 점점 자라 태어날 때가 되면 산모의 몸에서는 진통, 이슬, 양막파수 등의 징후가 나타나면서 아기가 태어날 준비를 한다.

내 이름으로
성공할 수 있을까?

산부인과 의사들은 엄마의 몸이 아기를 출산할 상태로 바뀌는 시점을 보고 언제쯤 출산할지를 알려주며 분만 준비를 시킨다. 그 후 의사와 전문가의 도움으로 아기가 태어난다. 이렇게 태어난 아기는 부모의 보살핌 속에서 성장해 사회의 일원으로 살아간다.

아기가 탄생하는 순간은 너무나 성스럽다. 엄마가 하늘을 대신해 한 명의 인간을 만들어내는 과정이다. 이 과정에서 수반되는 엄마의 고통을 덜어주기 위해 하늘은 옥시토신이라는 호르몬을 엄마에게 선물해 산통을 슬기롭게 극복하도록 해주었다.

또한, 아기가 태어날 때 산도를 통과하면서 지금까지 겪어보지 못한 외부세계의 위협으로부터 아기를 보호하기 위해 락토바실리와 같은 유익균으로 이루어진 면역물질을 엄마로부터 듬뿍 발라 아기를 내보낸다. 따라서 제왕절개로 태어난 아기보다 자연분만으로 태어난 아기의 면역력이 훨씬 강하다.

진통 과정에서 분비되는 코르티솔은 면역체계를 활성화하고 인터루킨, 인터페론 등의 물질을 분비시켜 면역력을 높이는 것으로 보고되고 있다. 자연분만의 장점은 무엇보다 분만 과정에서 엄마와 아기의 정상적인 관계를 만들어준다는 것이다.

아기가 엄마를 느끼면서 태어나는 것이 좋을까?
수술용 칼과 마취제를 맛보면서 태어나는 것이 좋을까?

정해진 날짜에 정상분만하지 않고 이 같은 자연의 이치를 역이용하려고 날짜를 바꾸어 마취제를 맞고 배를 갈라 꺼내면서 가짜 사주를 만든다면 그 아기는 그 후 사주를 보아도 가짜 사주가 되어 안 맞던 사주풀이가 더더욱 안 맞을 것이다.

이 같은 자연의 조화를 속일 목적으로 출산택일하는 것은 있을 수 없는 범죄다. 출산일을 결정해야 한다면 산부인과 의사의 의견을 따르는 것이 맞으며 역술인의 조언은 가당치 않다. 역술인은 출산 전문가가 아니기 때문이다.

1980~1990년대 서울 창덕궁 앞에서 역문관을 운영했던 고 유충엽 선생. 그는 일제강점기 대전사범대를 졸업한 엘리트였다. 동양의 고전과 역사에 밝아 서울 식자층이나 기관장들과 고담준론을 나누는, 몇 안 되는 역술가였다. 다음은 생전에 이 양반이 필자에게 해준 이야기다.

당신은 제왕절개 시간은 봐주지 않는다고. 왜? 그 업보를 자신이 뒤집어쓸 수도 있기 때문이다. 유충엽 선생이 그 원칙을 어기고 두 번 봐주었는데 그때마다 안 좋은 경험이 있었다. 제왕절개하는 시간에 유충엽 선생이 자기 집 대문을 들어오다가 돌부리에 걸려 넘어진 적이 있었고 수술시간에 자기 몸에 전기가 오른 듯 짜릿짜릿한 느낌을 받았단다. 그는 이런 현상을 천기를 누설해 받은 과보라고 생각했다. 이 사건 이후 제왕절개 날짜를 받아달라는 무수한 요청을 거절한다는 원칙을 세웠다.[22] 가장 결정적인 오류는 바로 '결과'가 '원인'을 바꾼다는 가정이다. 임신 이후 엄마 뱃속에서 10개월 동안 이미 성장한 아기는 부모의 보살핌과 외부 조건에 따라 잘 자라거나 그 반대일 수도 있다. 그래서 임신 이후 출산까지의 과정에서 태교 등 부모의 관심과 배려는 너무나 중요하다. 그런데 결과(태어난 날)가 원인(임신할 때 부모의 유전자)과 과정(280일 동안의 아기 성장)을 바꾼다는 가정은 어떻게 가능한 것인가?

결과는 원인과 과정이 만들어낸 해답이다. 답안지를 수정한다고 성적이 오르지 않는다. 이 세상에서 출산시간보다 더 중요한 시간은 임신 과정과 출산 이후의 보살핌이다. 전후 모든 것을 잘해도 출산 과정이 정상적이어야 더 의미가 있는 것이다.

예비 엄마들은 임신 후 출산 때까지 산부인과에서 정기검진을 받는다. 그렇게 역술인을 신뢰한다면 검사받으러 갈 때도 언제 병원에 가야 할지 역술인에게 물어보는가? ○시에 아기를 낳으려면 어느 산부인과, 어느 원장에게 가 분만해야 하는지도 물어보는가? 이 모든 것을 물어보지 않고 분만시간만 물어보는 것이 타당하다고 생각하는가?

역술인이 정해준 시간이 좋은 시간이라면 그 외 시간은 나쁜 시간도 있다. 정해준 시간에 수술할 수 없어 다른 시간에 수술하면 아기의 운명이 나빠질 수 있다는 것도 염두에 두었는가? 출산 전후에도 결정적인

---

22) 조용헌, 조용헌의 『사주명리학 이야기』, RHK, 2014, 37~38쪽

도움을 줄 전문가는 의사다. 의사가 산모와 아기의 상태를 살펴보고 결정할 일이다. 이 모든 과정은 의사와 상의하면서 가장 중요한 시간을 역술인에게 물어보는 것이 맞다고 생각할 수 있는가?

학교 공부는 선생님에게서 배우고 역술인이 정해준 날짜에 시험을 보면 성적이 올라갈 거라고 생각하는가? 농부는 배추를 길러 역술인에게 출하일을 물어보고 출하하지 않는다. 어부는 그물을 던져 끌어올리는 날짜를 역술인에게 물어보지 않는다. 축산업자는 소가 새끼를 낳는 날을 역술인에게 물어보지 않는다. 세상만사는 해당 분야의 전문가가 정한 시간이 가장 정확하다. 역술에 빠지면 이 세상을 정상적으로 볼 기회를 놓칠 수 있다. 더 이상 아기에게 죄를 안 짓는 게 좋을 것이다.

마치며

　2권을 마무리하며 돌아보니 그동안 연구한 내용을 담는 데 한 권으로는 너무 부족했다. 2권에 못 담은 내용은 3권에 곧 실을 예정이다. 기존 대부분의 작명 이론들이 이름의 실체에 접근하지 못했고 이름의 해답을 제시하지도 못했다. 이 같은 결과는 작명가들의 사명감과 연구 의욕 부족, 고객들의 무지와 노력 부족 때문이다. 이름 연구는 이제 시작이다. 이름이 뇌와 심장에 영향을 미치고 그 영향이 우리의 운세를 어떻게 인도하는지에 대한 연구는 앞으로 많은 후학이 이어받아 진행할 것이다. 누군가가 화두를 던지면 그 화두를 이어받아 발전시켜 나가는 것이 정상적인 연구집단의 임무다.

　학문은 기존 연구의 장·단점을 분석해 더 연구해야 할 것을 찾아내 심화시키는 것이다. 선배를 능가하는 후배가 나오지 못한다면 그 분야는 이미 죽은 분야다. 우주의 작동원리를 밝혀낸 지동설이 천동설을 대체했듯이 이름도 새로운 논리가 기존 논리를 보완하고 대체해야 함에도 작명계는 그런 정상적인 움직임이 전무했다.

코페르니쿠스, 갈릴레오 갈릴레이와 같은 대변혁가가 학문의 길에서 계속 나타나는 것이 정상이다. 이 세상의 모든 발전은 퀴리 부인, 폰 브라운, 에디슨 등 혁신가들의 발상전환이 주도해왔다.

수년 전의 도구를 그대로 사용해도 이상하게 생각할 정도로 변화가 대세다. 더 이상 토큰으로 시내버스를 탈 수 없고 동전을 넣고 지하철을 탈 수도 없듯이 세상은 변화를 수용하는 사람들이 주도해 나간다. 이런 세상에서 일제강점기 구마사키 겐오의 주장을 지금까지 사용하면서 마치 지상 최고의 작명 이론처럼 신봉하며 더 이상 연구할 내용을 못 찾고 81수리, 자원오행을 앵무새처럼 반복해온 작명가들은 자신들이 이름을 만들 자격이 있는지 스스로 생각해볼 때다.

작명가들이 정상적인 방식으로 이름을 만들지 못한다면 아무 연구도 안 하고 일제의 논리에 편승해 좋은 이름을 만든다고 엄마를 비롯한 고객들을 속이던 사이비 작명가들의 실체가 타의에 의해 밝혀질 날도 머지않았다. 일제강점기 구마사키 겐오 이후 어떤 이름 연구도 없었던, 썩은 물과 같은 작명계가 이제 이 세상의 변화를 받아들여 새로운 작명법을 연구해 우리 후손에게 부끄럽지 않은 분야로 거듭나길 기원한다.